방치된
믿음

방치된 믿음

무속은
한국 사회에서
어떻게 생존해 왔는가?

이성원 손영하 이서현 지음

바다출판사

차례

들어가는 글 어떤 방치된 믿음에 관하여   6

1부 미끼를 물다

1장 피고인, 무죄일지 유죄일지 신령님께 물어보세요   17

2장 이상한 말 하면 안 믿으면 되잖아   31

3장 거대한 현혹 시장의 규모   68

2부 현실의 무속, 무속의 현실

4장 성공하는 무당, 기도발을 세워라   101

5장 누가 어디에 점집을 내어 주는가   117

6장 온라인을 타고 넘나드는 신령님   134

7장 수출되는 K샤머니즘, 증대되는 무속의 윤리   147

8장 진짜와 가짜가 어디 있나   156

3부 무속 길들이기

9장 무속을 잘못 키운 건 우리 모두   167

10장 믿음을 관리하기   185

들어가는 글

어떤 방치된 믿음에 관하여

사람들은 한 번쯤 이런 생각을 한다. '내가 죽으면 어떻게 될까.' 절대 권력가도, 천재 과학자도, 위대한 성인도 풀지 못한 이 영원한 난제 앞에서 우리는 늘 무력하다. 과학적으로 입증할 수 없는 이 난제를 특정 믿음 체계가 대신했다. 어떤 것은 원시 종교(무속 신앙) 형태로, 또 어떤 것은 잘 조직화된 종교 형태로 발전했다. 다만 기성 종교와 달리 무속 신앙은 우리 사회와 무의식에 깊이 뿌리 내렸음에도 마치 그런 게 존재하지 않는 듯 방치되어 왔다.

실제로 무속은 여전히 강력한 힘을 갖고 우리 사회와 인간을 쥐락펴락한다. 윤석열 전 대통령은 손바닥에 임금 왕王자를 그리고 대통령 후보자 토론회에 나왔다. 임기 내내 천공이라는 무속인에게 국정 조언을 받는다는 의혹이 끊이지 않았다. 나라를 혼란으로 몰아넣은 12.3 불법 계엄 사태 때 배후 인물로 지목된, 김용현 전 국방부 장관의 최측근인 노상원 전 정보사령관의 직업은 무속인이었다. 한 연예 기획사 대표가 경영상 문제를 무속인과 상의한다는 소식도 떠들썩하게 전해졌다.

무속은 음습한 권력의 배후에만 있는 것이 아니다. 대중문화에서 무속의 위상은 점점 커져 갔다. 2024년 2월 개봉한 영화 〈파묘〉는 1000만 관객을 달성했고, 젊고 예쁜 무당, 역술가, 타로이스트가 출연해 짝을 찾는 예능 〈신들린 연애〉가 연이어 등장했다. MZ세대에게 신점은 또 하나의 '힙'한 콘텐츠로 자리매김했다. 긍정적이든 부정적이든 정치, 경제, 사회, 문화 어디에도 무속이 빠지지 않았다.

무속 신앙은 모순적이다. 누군가는 무속을 그저 미신이라고 천대하고 누군가는 진심으로 귀신을 믿고 무당의 말에 일희일비한다. 우리 사회의 가장 낮은 곳에서 가장 높은 곳까지 무속이 존재함에도 제도적으로 무속을 통제하려는 노력을 하지 않는다. '방치된 믿음'의 현주소다.

이 책은 무속 신앙의 허구를 폭로하기 위한 시도는 아니다. 무속은 그 자체로 좋은 것도 나쁜 것도 아니다. 인류는 태초부터 샤머니즘과 함께했다. 이로움이 있으니 지금까지 생명력을 유지했다. 특히 한국인은 무당을 통해 위로받았다. 우리 조상은 굿을 통해 풍년과 풍어를 빌었고 마을의 갈등을 해소했으며 아픔을 치유받았다. 무당의 진혼굿을 통해 화해하지 못하고 돌아가신 부모님을 만나 참회했다. 이는 현대 의학, 정신의학과 의사가 제공할 수 없는 극한의 엑스터시(황홀경)다.

이는 무지無知의 소산이기도 하다. 죽음 이후의 세계를 알 수 없듯 귀신이 실제 존재하는지는 알 수 없다. 이런저런 신념이 없다면 그저 겸손하게 불가지론자의 자세를 취할 뿐이다. 원시 종교, 무속의 힘은 여기서 비롯된다. 무속을 믿는 자의 강렬한 엑스터시 경험은 믿음을 더 공고히 하고 우연이든 능력이든 무당의 공수(신의 말을 전하는 것)가 맞아떨어지면 그에게 무속 신앙은 절대 종교가 된다.

우리는 오늘날 무속이 우리 사회에 어떤 양태로 존재하는지 알고 싶었다. 귀신이 존재하느냐, 무당의 접신 행위 자체가 진실한 것이냐는 애초에 우리가 검증할 수 있는 영역이 아니라고 판단했다. 다만 무속인은 누구이고, 우리 사회에서 어떻게 존재하는지, 어떻게 바라봐야 할지 고민해 보고 싶었다. 우리가 지향한 건 무속의 사회학이며 이 책은 그러한 고민과 취재의 결과물이다. 미신과 종교 사이 그 어디쯤, 무속은 존재한다. 우리는 무속 신앙에 본능적으로 끌리면서도 모른 척했고 또 각자의 이유로 이

기적으로 이용해 왔다. 그런 욕망 덕분에 무속은 한국 사회에서 끈질기게 생존할 수 있었다. 그런 욕망을 어떻게 제어할 것인가? 이 책을 읽은 독자가 무속에 대한 자기만의 기준을 세울 수 있으면 좋겠다.

무속 신앙은 기성 종교와 달리 뚜렷한 교리가 없다. 탈권위, 탈중심 속성은 요즘 사람들에게 무속의 매력을 높였지만 무속인의 비윤리적 행동까지 정당화하는 수단이 되기도 했다. 먼저 무속인에게 범죄 피해를 당한 이들의 삶을 추적했다. 무속인이 존중받지 못한 가장 큰 이유는 가스라이팅 범죄 탓이다. 일부 무속인은 신비로움과 거짓 사이에서 줄타기하며 심리적으로 약한 이들을 파고들어 먹잇감으로 삼았다. 우리는 한주은 씨 부부가 무속인 명 도령에게 가스라이팅을 당해 사기 등 피해를 입은 뒤 그의 굴레에서 벗어나는 과정을 추적하고, 신내림을 받은 뒤 사기임을 눈치채고 무당을 고소했지만 여전히 불안에 떠는 피해자를 인터뷰했다.

이서현 기자는 이를 위해 피해자와 주변인, 경찰 등을 수차례 찾아가고 설득했다. 물론 취재에 성공하지 못해 빛을 보지 못한 사건도 많지만 그렇기에 더욱 가치 있었다. 아울러 단순한 사건 기사를 넘어 심층 취재를 통해 무속인에게 속는 심리와 무속인의 사기 수법 등을 생생하게 전달하고자 했다. 더는 우리 사회에 무속인에게 속아 몸과 마음을 내주는 이들이 존재하지 않기를 바라는 마음을 담았다.

우리는 무속인 범죄를 구조적으로 접근하고 싶었다. 이를 위해 무속 범죄 10년 치 판결문 320건을 전수 분석했다. 한 달간 판결문 열람 서비스를 통해 2014년 8월부터 2024년 8월까지 '무속인' 키워드로 검색된 판결문 1990여 건을 모두 검토한 뒤 무속 행위와 관련된 형사 사건 320건을 추렸다. 2~3주 동안은 매일 경기도 일산에 있는 법원도서관을 찾아갔다. 인터넷으로도 검색할 수 있지만 하나의 판결문이라도 더 입수하고 싶었다. 무속인이 대출 및 투자 사기를 가장 많이 저지른다는 점, 피해자들이 건강 문제로 무속인을 가장 많이 찾는다는 점, 무속인이 불안감을 조성해 피해자를 가스라이팅한다는 점, 무속 범죄 무죄율이 10퍼센트에 가깝다는 점 등을 밝혀냈다. 모두 새롭게 만든 통계들이다.

무당은 누구인가. 이들은 흔히 기도하는 존재라 불린다. 무당은 접신을 통해 신의 말과 뜻을 전달하는 이들인 만큼 기도를 꾸준히 한다. 우리 팀은 이를 좀 더 가까이서 지켜보고 싶었다. 그래야 방송이나 소셜 미디어에서 유명한 무당이 아닌, 평범한 무당이 어떤 방식으로 존재하고, 어떤 생각을 하는지 알 수 있기 때문이다. 손영하 기자는 6박 7일간 서울 인왕산, 충남 계룡산, 강원 대관령의 기도터를 찾아 무속 관계자를 무작위 인터뷰했다. 무당들은 신기를 위해 전국 방방곡곡을 다니며 기도했고 다른 직업인처럼 자신만의 길을 찾기 위해 애썼다. 무속 사기 범죄의 심각성과 무분별한 신내림굿을 경계하는 이도 있었다.

우리 사회에 점집이 어디에 많은지 점집 위치 데이터를 확보해 분석했다. 네이버 지도에서 점술 관련 업체를 크롤링 기법으로 추출한 뒤 분석 프로그램을 사용해 정리했다. 서울에서는 논현역, 역촌역, 신당역, 미아사거리역, 홍대입구역 순으로 점집이 많다는 점을 확인하고 각 지역을 직접 돌아다니며 지역별 점집 흥망성쇠를 취재했다. 이 과정에서 만난 무당과 그 주변 업자만 24명에 이른다. 유동 인구가 많고 돈이 몰리는 논현동에는 고수익을 내는 무당이 적지 않은 반면 한때 점집이 밀집돼 있었던 미아동은 재개발 등에 따라 급격히 쇠락했다.

정부가 방치하는 무속의 실태도 확인했다. 무속 관련 제대로 된 통계 하나 없다는 점, 사업체 등록 미비로 과세 공백이 발생하고 있는 점, 정부가 종교로서 무속을 애써 무시하고 있다는 점, 문화유산 보유자인 무속인은 오히려 경제적인 어려움을 겪고 있다는 점 등을 확인했다. 또 무당 129명을 대상으로 설문 조사를 실시해 한국 무속의 현실과 바람을 조명했다. 무속인들은 본인들에 대한 사회적 인식이 부정적이라고 인식하면서도 '국가 차원의 제도적

지원'과 '무속인 자격 인증제' 등이 필요하다고 주장했다.

진짜 무당이라는 게 존재할까. 아니, 애초에 진짜 무당이라는 개념이 의미가 있을까. 신내림굿만 받으면 누구나 쉽게 무당이 될 수 있다. 이런 세상에서 건강한 신념을 가진 무당을 통해 우리 사회에서 무속 신앙이 나아가야 할 길을 제시하고 싶었다. 민속학 교수 등 전문가의 추천을 받아 정순덕, 김규리, 김연옥 만신을 심층 인터뷰했고 이들은 자신들이 생각하는 바람직한 무당의 길을 제시했다. 무당 역시 사회 구성원이다. 따라서 보편적인 윤리를 따라야 하며 자신을 찾은 신도의 고통과 고민을 해결하려는 책임감이 있어야 한다. 우리 사회에도 좋은 무당은 존재한다. 그들이 주장하는 우주의 원리를 썩 믿지 않지만 나는 그들의 믿음을 존중한다.

우리 팀은 세 달간 무당 52명, 전문가 16명, 무속인 가족 혹은 사건 관계자 17명 등 총 85명을 인터뷰했다. 무속 세계를 이해하는 데 도움이 되는 사람이라면 누구든 찾아가 만났다. 서울, 인천, 경기, 전라, 경상, 충청 등 전국을 1박 2일, 2박 3일씩 다니며 무속 사건 관계자와 무당을 만났고 일주일 내내 서울 인왕산, 충남 계룡산, 강원 대관령을 다녔다. 그중 계룡산에서는 2박 3일간 무당들과 숙식을 함께했다. 무덥던 여름, 반겨 주지 않는 이들을 무작정 찾아가 묻고 또 물었던 손영하, 이서현 기자의 수고가 이 책을 통해 조금이나마 보상받았으면 더 좋겠다. 두 기자가 숱하게 거절당한 덕에 의미 있는 콘텐츠가 탄생했다. 더할 나위 없었던 한채연, 이지수 인턴 기자에게도 고맙다는 말을 꼭 하고 싶다. 한국일보 엑설런스랩 강철원 부장의 지도와 결단이 없었다면 이 기획은 처음부터 불가능했다. 엑설런스랩을 믿고 마음껏 취재할 수 있도록 보장해 준 한국일보 김영화 뉴스룸 국장께도 감사의 말씀을 전한다.

저자들을 대표하여 이성원 씀

2025년 6월

1부

미끼를
물다

1장

피고인, 무죄일지 유죄일지
신령님께 물어보세요

2020년 5월 20일 늦은 저녁, 전화 한 통이 걸려 왔다.

"엄마, 민지 언니가 날 어떻게 하려고 해. 자취방으로 빨리 와 줘."

대학생인 큰딸(김희은, 가명)의 떨리는 목소리였다. 그 뒤로 전화는 뚝 끊겼다. 엄마 박소연(가명)은 급히 겉옷을 챙겨 입고 집밖을 나섰다. 민지 언니라면, 희은이가 평소 믿고 따르는 대학 선배다. 둘이 싸우기라도 한 걸까. 혹시 범죄에 연루됐나. 운전대를 잡은 소연의 손이 떨리기 시작했다. 도로 위에서 거듭 딸에게 전화를 걸었지만 야속한 안내음만 흘러나왔다. "지금은 전화를 받을 수 없어……."

5년 전 남편과 이혼한 후, 큰딸은 줄곧 소연의 버팀목이었다. 고등학생 시절부터 장학금을 타오고 대학 입학 후에도 착실하게 자신의 꿈을 이뤄 나가던 든든한 아이. 속 한번 썩이지 않은 큰딸에게 무슨 일이 생기기라도 한다면. '그만하자.' 소연은 내내 불안한 마음을 억누르기 위해 애썼다.

"희은아, 무슨 일이야!"

 대전에 있는 큰딸의 자취방 문을 열자 구석에서 쭈그리고 앉은 채 벌벌 떨고 있는 희은이 보였다. 얼핏 봐도 한동안 잠을 못 자고 밥도 안 먹은 것 같았다. 눈은 퀭하다 못해 움푹 파였고 몰라보게 수척했다. 소연을 바라보며 침묵을 지키던 큰딸이 나지막이 속삭였다.

"응. 엄마, 민지 언니 갔어."

 큰딸과 정상적인 대화가 되지 않았다. "엄마 세상이 이상해. 내가 가르쳐야 할 거 같아." 새벽까지 큰딸은 도통 잠을 자지 않고 휴대전화를 뒤적이며 전화하거나 눈을 뒤집고 허공에 양손을 흔들었다. 급기야 수면제까지 먹였지만 큰딸의 이상 행동은 밤 내내 계속됐다.

 결국 정신과 진료를 받아야 했다. 진단명은 '상세불명 양극성 정동장애(조울증).' 장애가 생긴 이유는 정확히 알 수 없다고 했다. 혹 큰딸이 일주일간 동영상 편집을 하느라 잠을 제대로 못 잤던 게 원인이지 않았을까. 그러나 이후에 알게 되었지만 2021년과 2023년에도 같은 증세가 나타났다.

날마다 딸이 잘못될까 걱정하던 소연은 한동안 잊고 있던 이름을 떠올렸다. 이미운(가명). 소연은 그 여자 때문에 이 사달이 벌어졌다고 확신했다.

운명이 있다고 믿고만 싶었다

찜통더위가 기승을 부리던 2024년 8월 30일 오후 3시. 우리는 박소연을 만나러 대전의 한 음식 배달 전문점을 찾았다. 밖에서 가게 내부가 한눈에 들어올 정도로 좁았다. 안은 너저분했다. 경찰 수사 자료와 고소장들이 책상 위에 나뒹굴었고 벽면에는 소연이 두 딸과 함께 미소를 머금은 채 찍은 사진이 붙어 있었다.

ㅡ이미운은 누구인가요?

소연이 우리에게 사진 한 장을 보여 줬다. 한옥을 배경으로 한, 깔끔한 차림의 중년 여성 사진이었다. 그는 이미운을 무속인이자 자신의 '신엄마(신내림굿을 해준 스승 무당)'라고 소개했다.

소연은 이미운이 항상 셔츠 차림에 면바지를 입었다고 했다. 질끈 묶은 머리에 통통한 풍채, 수수한 모습 탓에 말 붙이기 편한 동네 언니 같았다.

 2015년 가을, 소연은 새 남자친구와 궁합을 보고 싶다는 친모의 부탁을 받고 지인을 통해 괜찮은 무속인을 소개받았다. 이미운도 그중 한 명이었다.

 며칠 뒤, 소연은 지인이 운영하는 충남 논산의 한 꽃집에서 이미운을 만났다. 인사를 나누고 테이블에 놓인 피자를 함께 먹던 이미운이 뜬금없는 얘기를 꺼냈다.

 "근데 당신 엄마가 문제가 아니야. 당신이 신내림을 받아야 할 거 같아. 신가물(신의 제자가 될 소양과 운명)이 있어."

 신내림? 이게 무슨 뚱딴지같은 소리인가. 소연은 스스로 신기가 있다고 느낀 적이 한 번도 없었다. 하지만 이어지는 말을 듣고 소연은 먹던 피자를 내려놔야 했다.

 "딸 괜찮아? 신을 거부하면 정신적으로 아팠을 텐데. 무당이 될 수도 있어."

 소연은 둘째 딸이 떠올랐다. 둘째 딸은 초등학교 입학 전부터 엄마 마음을 먼저 생각하는 속 깊은 아이였다. 5살 때 둘째 아이는 외할머니가 집에 왔다 떠날 때면 항상 소연에게 이렇게 말하곤 했다. "엄마는 외할머니가 엄마니까 많이 슬프겠다." 당시 소연은 5살짜리 딸이 기특하다고만 생각했다. 그러나 성장하면서 섬세한 심성은 감정 기복으로 변했다. 우울증을 자주 호소했고 학교 생활에도 적응하지 못했다. 모범생이었던 첫째가 아니라 둘째라면 이미운의 말이 일리 있다고 생각했다.

하지만 소연은 자신도, 둘째 딸도 무당으로 살지 않기를 바랐다. "방법이 없을까요?" 이미운은 굿을 통해 신가물을 사업 쪽으로 돌릴 수 있다고 설명했다. 어렵게 1000만 원을 마련해 누름굿을 진행했다. 하지만 굿이 끝난 뒤, 이미운은 어두운 표정으로 소연에게 다가와 고개를 저었다. 소용이 없었다는 뜻이었다. 하늘이 무너지는 것 같았다. 결국 소연은 오랜 고민 끝에 딸을 살리겠다는 마음으로, 엄마로서 할 수 있는 결정을 내렸다.

"어떤 엄마가 딸을 무당으로 살도록 내버려두겠어요."

2015년 12월 2일, 눈이 쌓인 계룡산에서 소연은 신내림을 받았다. 한복을 입은 채 만 원짜리 지폐 7장이 띄워져 있는 물 항아리 위에 섰다. 동서남북으로 절을 하고 춤을 췄다. 다리를 다쳐 절뚝이면서도 소연은 온몸을 떨며 하늘에 인사를 올렸다. 다만 소연의 내림굿을 지켜보던 다른 무당들은 혀를 끌끌차며 말했다. "신을 너무 쉽게 받는 거 아니야?" 남들은 2박 3일 동안 하는 내림굿을 소연은 하루 만에 마쳤다. 어떤 신이 오시는지, 신이 오셨는지 확인하는 그 흔한 삼산돌기(무당이 되기 전 세 곳의 명산을 순례하는 것)조차 하지 않았다. 소연도 이상하다는 생각은 들었지만 이미운은 확고했다. "원래 신내림은 이렇게 하는 거야. 걱정 마."

소연 역시 신내림 의식을 마치고도 확신이 없었다. "아무 느낌이 없어요. 제가 과연 무당이 될 수 있을까요?" 불안해하는 소연을 쳐다보더니 이미운은 한 치의 망설임 없이 말했다. "너는 3년 뒤 신당을 차릴 거야. 그전까진 나를 도우면 돼." 그때는 이미운을 믿는 것 외엔 선택지가 없었다. 소연은 계룡산 중턱에서 흩날리는 눈발만 쳐다봤다.

믿음의 매몰 비용

–이미운은 무속인인가요?
"절대 아니에요. 사기꾼이에요 사기꾼."

대전의 한 카페에서 만난 강정수(가명)는 단호한 목소리로 말했다. 그는 인터뷰 내내 손에서 담배를 놓지 않았다. 정수는 2019년 이미운을 사기 혐의로 고소했다. 이미운은 2021년 2심에서 일부 유죄가 인정돼 징역 1년에 집행유예 2년을 선고받았다. 정수 입장에선 혐의 입증이 어려울 것이란 우려 속에서 얻어낸 값진 승리였다. 그래서 정수는 이미운이 사기꾼이라는 확신이 있었다.

정수는 소연보다 조금 이른 2015년 봄, 이미운을 만났다. 이미운에게 신내림을 받은 정수의 친누나가 소개해 줬다. 주류업체 영업사원으로 일하는 정수는 경제적 어려움에 시달리고 있었다. 친누나의 소개인 만큼 크게 의심하지 않았고 동아줄을 붙잡는 심정으로 이미운을 찾아갔다. 굿을 하다 잠깐 쉬고 있던 이미운에게 고민을 털어놓자 이미운은 상냥한 말투로 상황이 나아질 것이라며 위로했다. 이후엔 연락처를 주고받고 평소 남들에게 말 못할 고민까지 털어놓으며 누나 동생 관계로 지냈다. 당시 상황을 두고 정수는 이렇게 말했다. "그땐 몰랐죠. 정말 몰랐어요."

2017년 1월, 이미운은 정수에게 굿을 권하기 시작했다. "정수야, 너한테 지금 귀인이 있는데 못 잡는 거 같다." 이미운은 경제적 어려움을 풀 수 있다며 재수굿(재수가 있기를 기원하는 굿)을 권했다. 1500만 원 상당의 작두굿(작두를 활용해 신께 정성을 올리는 굿)과 운맞이굿까지 하라고 했다. 정수는 대출과 '카드깡'까지 감행해 굿값을 마련했다. 그럼에도 정수는 이미운을 믿었다. 왜냐하면 1995년 우연히 봤던 애동제자(신내림을 받았으나 아직 경험이 부족한 견습 무당)가 떠올랐기 때문이다. 우연히 굿당을 지나가다가 본, 두터운 살집에도 날카로운 작두 위를 방방 뛰던, 술 한잔 못 마시지만 신이 내려오기만 하면 막걸리를 퍼마시던, '공수(무당에게 신이 내려와 신의 목소리로 말하는 일)'로 사람 마음을 들여다보던, 이름 모를 애동제자의 기억이 정수의 마음을 사로잡았다.

"돈은 많이 들었지만 이미운을 믿을 수밖에 없었어요." 정수는 담배 하나를 또 꺼내 물었다.

-정수 씨는 이미운이 무속인이 아니라 사기꾼이라고 하던데요.

소연도 이미운을 의심하지 않은 날이 없었다. 신딸로서 이미운을 따라다니던 소연은 2017년 굿을 하러 온 정수와 그의 누나를 자주 만났다. 그런데 이미운은 소연과 둘이 있을 때마다 정수의 친누나를 험담하곤 했다. "쟤 아직도 나한테 신내림을 받은 줄 착각하고 있어. 동생(정수)도 몰라."

소연은 이미운이 몰래 신도들의 뒷얘기를 할 때마다 혼란스러웠다.

"말해 줘야 하는 거 아닌가요?"

"내버려 둬."

비상식적인 이미운의 행동은 의심을 키웠다. 그래도 소연에겐 선택지가 없었다. 아니, 믿어야 했다. 이미 몸주(무당에게 내려오는 신)굿과 내림굿으로 4500만 원, 이후로도 다수의 굿 비용을 지불한 소연이었다.

이미운은 소연에게 3년 뒤 제대로 된 무당이 될 거라고 호언장담했지만 그날이 다가올수록 오히려 의구심만 커졌다. 특히 이미운은 자신의 굿이 효험 있다는 것을 보여 주기 위해 신도들에게 거짓말을 하고는 했다. 한번은 자신이 소유한 카페가 팔리도록 도와달라고 찾아온 신도가 있었다. 이미운은 신도를 위해 굿을 진행하고 며칠이 지난 뒤 "굿 덕분에 인수를 희망하는 사람이 나타났다"라고 말했다. 하지만 이미운이 데려온 사람은 자신의 친딸이었다. 이미운은 소연에게 이 사실을 절대 발설하지 말라고 신신당부했다. 소연은 거금을 들이면서까지 거짓말을 하는 이미운을 이해할 수 없었다.

더 당황스러운 일은 그 뒤에 벌어졌다. 이미운은 소연에게 인수한 카페에서 일을 하라고 시켰다. 무당은 신의 말씀을 전하는 일 이외에 다른 일을 하면 안 된다고 가르쳤던 그였다. "이렇게 해도 되는 건가요?" 소연이 의문을 제기했지만 이미운은 "신령님이 괜찮다고 했다"라며 얼버무렸다. 그 뒤로 소연은 이미운이 소유한 카페에서 무보수로 일을 해야 했다.

알았을 때는 늦었다

―이미운을 사기꾼이라고 확신하게 된 시점은 언제였나요?

"2018년 9월 11일이요." 정수가 말했다.

"신딸이 요즘 통 안 보이네요? 소연 씨였나?" 그날 대전의 한 굿당에서 정수가 이미운에게 물었다. 이미운은 불편해하는 눈치였다. "저희 엄마가 운영하는 카페에서 일하는데 장사가 잘되나 봐." 정수는 무속인이 카페 일을 해도 되냐고 물었다. 이미운은 신령께서 허락했다는 짧은 답만 내놨다. 정수는 이상했지만 그 뒤로 더 캐묻지 않았다. 대운맞이굿을 준비하는 이미운의 심기를 건들고 싶지 않았다.

그간 정수는 없는 돈을 모아 8000만 원 상당을 굿비로 냈다. 어머님이 올해를 넘기기 어렵다고 해서, 조카가 군대에서 상급자를 죽일 팔자라고 해서 형에게 귀신이 붙어 망나니짓을 한다고 해서 등등 갖가지 명목으로 굿을 했다. "아내가 귀신에 씌여 있어." 이혼합의굿도 진행했다. 물론 나아지는 건 없었다.

이미운은 마지막으로 대운맞이굿을 하면 모든 게 해결될 거라고 설득했다. 그렇게 마지막 굿을 했지만 이후 이미운과의 연락이 끊겼다. 불안한 마음에 정수는 공주시에 있는 이미운의 신당과 계룡산까지 찾아 올라갔다. 하지만 이미운을 만날 수 없었다. 계룡산을 내려오던 날, 정수는 그간의 세월을 돌아봤고 자신이 사기를 당했음을 깨닫게 됐다. 3년간의 신도 생활이 무위로 돌아간 순간이었다.

정수가 이미운을 하염없이 찾아다닐 즈음, 소연은 이미운 소유의 카페에서 매일 일을 하고 있었다. 다만 전부터 이미운이 CCTV로 감시한다는 느낌이 들었다. 사각지대로 갈 때마다 일하지 않고 왜 도망갔느냐고 전화로 독촉했기 때문이다.

소연은 억울했다. 12시간씩 두 달 반을 무일푼으로 일했다. 영험한 신엄마라면 이런 소연의 노력을 모를 리 없다. 2018년 10월 두 사람의 갈등이 폭발했다. 결국 이미운은 계룡산에서 소연에게 신당을 떠나라고 소리쳤다. 소연을 더 이상 자신의 신딸로 보지 않겠다는 선언이었다. 계룡산을 내려오며 소연은 자신이 사기당했음을 인정하기로 했다. 3년간의 신딸 생활이 무위로 돌아간 순간이었다.

소연과 정수가 제대로 대화를 나눈 건 그 무렵이었다. 소연은 그간 이미운이 얼마나 사기꾼 같았는지 정수에게 낱낱이 말해줬다. 정수 역시 자신의 심증이 틀리지 않았다는 확신이 들었다. 이미운을 사기죄로 고소하기로 결심한 이유였다. 경찰 수사 단계에서 소연은 정수를 성심성의껏 도왔다. 특히 소연은 편취 시점을 특정하는 일등 공신이었다. 이미운이 굿을 할 때마다 소연에게 건넨 일당 봉투에 날짜를 적어 놓은 게 큰 역할을 했다. 사건이 재판으로 넘어간 뒤, 2심 재판장은 이미운의 무속인 신분을 의심하듯 이런 말을 했다고 한다.

"피고인, 유죄가 될지 무죄가 될지 모시는 신한테 한번 물어보세요."

모든 재판이 끝난 뒤, 이미운은 정수에게 문자 하나만 남기고 사라졌다. "세월이 가면 다 알게 될 거고 그때 한 번 짚어 보자." 이미운이 유죄를 선고받으면서 그가 사기꾼이라는 사실에 의심의 여지가 없어 보였다. 소연도 이미운이 유죄를 선고받는 모든 과정을 멀리서 지켜보며 이미운이 사기꾼이라고 믿어 의심치 않았다.

진짜 무당, 가짜 무당?

—그런데 이미운 말대로 딸이 정신 질환에 걸린 거군요.

소연은 말없이 벽에 걸린 두 딸의 사진을 바라봤다. 소연은 이미운과 절연한 뒤 무속을 멀리 해 왔다. 하지만 큰딸의 정신 질환이 반복되고 현대 의학도 원인을 규명해 주지 못하면서 재차 무속인에게 도움을 청했다. 그게 만신(무당을 높여 이르는 말) 김모 씨였다. 소연이 이미운의 신딸 생활을 할 때 친분을 쌓은 무속인이었다. 김 씨는 소연의 딸을 위해 퇴마굿과 비방(목적을 달성하기 위해 비밀스럽게 하는 무속 행위)을 진행했다. 그가 내린 진단은, 이미운을 사기꾼이라고만 생각해 왔던 소연을 혼란스럽게 만들었다. 우리는 김 씨에게 질문했다.

—큰딸은 왜 이상 증세를 보인 건가요?

"눈에 초점이 없고 계속 헛소리를 하더라고요. 성인 5명이 팔다리를 붙잡는데 이를 이겨낼 정도의 초인적 힘을 보였습니다. 결정적으로 몸에서 시궁창 썩는 냄새가 났어요. 이건 청결하지 못해 나는 냄새와 전혀 달라요. 저희는 그걸 '귀신 냄새'라고 하는데 전형적인 빙의 현상이죠. 제대로 신내림을 안 해준 이미운 탓이 크다고 봅니다. 신내림굿에도 거쳐야 할 제식이 있어요. 조상을 기리고, 잘못된 신령을 거르고, 올바르게 앉은 신들을 자정하고, 마지막에는 하늘에 고해야 하죠. 간소하게 해도 2박 3일은 걸리는데 이미운은 하루 만에 끝냈어요. 제대로 된 신을 못 받아 혼령들이 뒤죽박죽으로 섞였고, 그게 큰딸한테 간 거 같아요."

-이미운이 사기꾼이 아니라는 말인가요?

"일반인이 무속인 행세를 했느냐는 의미로 물어본 거라면 사기꾼은 아니었다고 봅니다. 다만 더 악질적인 사기꾼이라고 말하고 싶어요. 돈벌이를 위해 무속을 이용한 사람이니까요. 소연 씨도 신내림을 받아야 할 사람은 맞습니다. 하지만 때가 무르익지 않았죠. 이미운은 돈을 위해 막무가내로 소연 씨에게 신내림을 시켰고 그마저도 제대로 해 주지 않은 겁니다."

정신과 진료 덕인지 무속의 힘인지 알 수 없지만 큰딸은 현재 정상적인 생활을 하고 있다. 큰딸은 자기가 정신 질환에 시달릴 당시의 기억이 전혀 없다. 소연에게 "엄마, 내 인생에서 몇 년이 사라졌다"라고 말할 정도다. 근데 한시름 놓을 틈도 없이 이번엔 둘째 딸이 유사한 정신 질환에 시달리고 있다. 둘째 딸은 증세가 악화할 때마다 "내 몸이 내 몸이 아닌 거 같다"라고 말하고 있다. 둘째 딸도 정신과 진료와 함께 무속인의 도움을 받았다.

지금도 소연은 모르겠다. 무속은 미신에 불과할까 아니면 진짜일까. 이미운은 무속인일까 사기꾼일까. 두 딸은 우연히 차례로 정신 질환에 걸린 걸까 아니면 소연이 신내림을 제대로 못 받아서 귀신이 장난치는 걸까.

진실을 떠나 소연은 모든 게 이미운 때문이라는 생각을 떨칠 수 없어 이미운을 경찰에 고소했다. 2020년 9월 9일, 경찰은 이미운을 사기 혐의로 검찰에 송치했다.

2024년 9월 11일, 공주시의 한 골목길. 정원이 딸려 있는 단독주택이 보였다. 그곳에서 어렵게 이미운의 아들을 만날 수 있었다. 그는 정수 씨 사건을 떠올리고 싶지 않다고 말했다. 이어 "판사가 기독교 성향이라 그런지 모르겠는데 유죄를 받았다. 억울한 게 많은데 참고 넘어갔다"라고 했다. 소연 씨 사건에 대해서도 "꺼내고 싶지 않은 일"이라며 말을 아꼈다. 9월 26일 우리는 재차 이미운에게 인터뷰를 요청했으나 응하지 않았다.

2장

이상한 말 하면
안 믿으면 되잖아

"팀장님, 저 사람들 왜 저러고 있어요?"

"경찰서 세 곳에서 '빠꾸' 먹었대. 우리 경제팀도 못한다고 했나 봐."

2019년 2월. 인천 부평경찰서 형사과 유재원 형사는 당직실에 앉아 있는 젊은 연인이 유독 신경 쓰였다. 비에 젖은 강아지처럼 풀이 죽은 남녀는 무당을 고소한다며 소장에 세 가지 혐의를 적었다. 사기, 성폭행, 공갈.

유 형사는 믹스 커피 한 잔을 들고 당직실을 어슬렁댔다. '3개 경찰서에서 빠꾸 먹을 정도면 딱하긴 하네.' 턱을 매만지며 고민하던 유 형사는 결심한 듯 남녀를 향해 발걸음을 옮겼다.

"한주은(가명) 님? 얘기나 한번 들어봅시다."

남녀가 동시에 유 형사를 올려다봤다. 누구도 들어주지 않았던 이야기다.

그걸 어떻게 아셨어요?

"애들 내보내! 빨리 내보내라고!"

2017년 늦봄 저녁, 경기도 군포 집으로 향하던 택시 안 전화기 너머로 딸(한주은)의 절규가 들려왔다. 어린이대공원 할인 티켓 두 장을 쥔 김은영(가명)의 손이 떨리기 시작했다. 은영은 손녀들과 헤어지기 아쉬워 집에서 재우고 싶었을 뿐인데 딸이 이렇게 거칠게 반응하리라곤 예상치 못했다.

"아이들 보내라고!"

미세한 흐느낌과 함께 딸이 계속 소리를 질렀다. 은영도 감정이 격해졌다.

"도대체 왜 그러는데 말을 해봐!"

주은은 안양에 있는 밥버거 집에서 떨리는 손으로 전화기를 부여잡고 있었다. 주은은 자신이 주문한 3500원짜리 밥버거에는 손도 대지 못했다. 엄마에게 소리치면서도 주은은 눈물이 멈추지 않았다. 친모인데 아이들이 보고 싶지 않을까. 하지만 신의 뜻을 거스를 수 없었다.

선녀신은 주은의 가족을 살뜰히 살폈다. 선녀신은 무당이 될 뻔한 첫째 딸을 치유했다. 선녀신은 초등학교 입학 후 동급생에게 성폭행당할 운명의 둘째 딸을 구원했다. 그런 선녀신이 아이들을 살리고 싶으면 양육권을 포기하고 더 이상 보지 말 것을 명령했다. 주은이 그것만은 안 된다며 싹싹 빌었지만 신의 뜻은 확고했다.

"아이들 팔다리가 다 찢겨 죽는 꼴 보고 싶어?"

아이들 생각에 속이 뒤집어진 주은은 식어 버린 밥버거를 입에 댈 수가 없었다.

"혹시 무당 믿어?"

2016년 7월 주은의 피부관리숍에서 커피를 마시던 이지민(가명)이 물었다. 숍을 홍보해 주는 블로거로 만났지만 지민의 쾌활한 성격 탓에 두 사람은 금세 친해졌다. 주은은 지민에게 고민을 자주 털어놨다. 남편 문제도 그중 하나였다. 30분마다 전화하고, 자동차 주행 거리 확인하고, 휴대전화까지 뒤지는 남편은 공포의 대상이었다. 별거는 하고 있었지만 남편은 이혼만큼은 안 된다며 버텼다.

커피잔을 내려놓은 지민이 주은의 팔을 어루만졌다. "저번에 말한, 부평 명 도령 생각해 봤어? 한번 가 봐." 주은은 무속을 미신이라 여겼지만 지민의 설득은 계속됐다. "답 없을 때 그런 데 가보는 거야. 이상한 말 하면 안 믿으면 되잖아."

 며칠 뒤 주은은 무너질 것 같은 인천의 한 낡은 빌라 앞에 섰다. '원래 신당이 이런가.' 현관 앞에 설치된 대형 철창 안에서 검은색 도사견이 짖고 있었다. 주은은 커다란 개를 멀찌감치 피해 현관 벨을 눌렀다.

 "예약했을까요?" 문이 열리자 남자가 모습을 드러냈다. 키 175센티미터, 우람한 풍채, 날카롭게 찢어진 눈, 짙은 눈썹, 모히칸 머리, 양팔에 야쿠자를 떠올리게 하는 이레즈미 문신이 잔뜩 새겨진 남자였다. 깡패 같은 첫인상과 달리 남자는 인자한 미소를 띠고 있었다. 안으로 들어오라고 손짓했다.

 방이 세 개 딸린 집 안방에는 어둑한 붉은 조명에 알 수 없는 불상이 가득했다. 주은은 그제야 신당에 왔다는 게 실감 났다. 남자는 신당에 자리를 잡고 앉았다. '이 사람이 명 도령이었어?' 무속인과의 첫 독대였다. 명 도령이 먼저 입을 열었다.

 "너 여자들 얼굴 만져 주는 일 하는구나?"
 "네? 맞아요. 저 피부 미용사예요."
 "보니까…… 아이도 둘 정도 있어 보이네."
 "그걸 어떻게 아셨어요?"
 "사람들이랑 칼도 휘두르니?"
 "아니 어떻게…… 제 취미가 검도입니다."

"사주를 보니 남편이랑 쉽지 않아 보이네."

주은은 20분 만에 사색이 됐다. 이름 석자 말고는 말한 게 없는 주은에게 명 도령은 족집게 같은 얘기를 계속했다. "네가 아이를 하나 흘려보냈어. 요즘 일이 잘 안 풀리지? 그 혼령이 붙어 있어서 그래." 실제로 둘째 아이를 임신하기 전, 주은은 초기 유산이 의심되는 일을 겪었다.

"혼령을 위로하는 천도재(망자를 좋은 곳으로 보내 주는 의식) 30만 원, 믿을 수 없으면 집에 가."

주은은 30분 만에 30만 원을 마련해 왔다. 그리 큰돈도 아니었고 천도재라는 걸 강요하지 않는 명 도령의 태도에 믿음이 갔다. 무엇보다 직업과 취미, 과거까지 맞춘 명 도령이었다.

2016년 12월 명 도령에게 대뜸 문자가 하나 왔다. 천도재 이후 연락 한번 없던 사람이었다. "꿈자리가 좀 사납던데. 요즘 안 좋은 일 있나요?"

주은은 놀랄 수밖에 없었다. 명 도령이 또 한 번 자신의 상황을 정확히 맞췄기 때문이다. 주은은 한 달 전 다른 피부관리숍 원장에게서 스카우트 제의를 받았다. 홀로 숍을 운영하는 일에 부담을 느끼던 차라 잘됐다 싶었다. 주은은 자신의 가게에는 휴업을 걸어 놓고 일터를 옮겼다. 그러나 그녀를 기다린 건 노예 생활이었다. 원장은 구두로 약속한 월급을 주지 않았고 점심시간도 보장해 주지 않았다. 주은은 주야장천 일만 하며 밥과 마른 반찬만으로 끼니를 때워야 했다. 한 달을 버텼지만 나아지는 게 없어 원장 가게를 박차고 나왔다. 그렇지만 휴업을 걸어 놓은 주은의 가게로 손님이 다시 돌아올 리는 만무했다.

하소연을 듣던 명 도령은 신당으로 오라고 했다. 진단은 이랬다. "사주에 재살(재난을 당하거나 외부로부터 억압을 받는 살)이 껴 있어 이런 일이 반복되는 거야." 명 도령은 항상 주은이 모르는 전문 용어를 썼다. 동시에 힘이 실린 목소리로 재살을 풀기 위해서는 살풀이 의식이 필요하다고 했다. 살풀이와 부적 세 장에 57만 원. 역시 큰돈은 아니었다. 이번에도 주은의 상황을 족집게처럼 맞춘 명 도령이었기에 밑져야 본전이었다. 게다가 첫 천도재를 지내고 5개월이 지난 시점에 주은은 완고했던 남편과 협의 이혼했고 아이들 양육권도 지켜냈다. 새로운 인연도 찾아왔다. 카센터 정비사로 일하는 이영수(가명)였다. 일사천리로 일이 풀리자 주은은 명 도령이 영험하다고 느꼈다.

사랑이라는 이름의 구렁텅이

"영수야, 명 도령 님이 잠깐 들어오라고 하네."

영수는 동갑내기 주은을 사랑했다. 주은이 카센터에서

일할 때부터 눈여겨봤다. 주은은 피부숍을 운영하며 두 딸을 키우면서 짬 날 때마다 아르바이트를 할 정도로 생활력이 강했다. 영수는 주은의 전남편보다는 그녀를 더 행복하게 해 줄 수 있을 것 같았다.

주은은 명 도령에 대해 도움을 많이 준 '오라버니'라고 영수에게 소개했다. 그런 명 도령이 최근 주은의 아이들 눈에서 피가 쏟아지는 꿈을 꿨다고 했다. 그 말을 들은 주은은 계속 불안했다. 영수는 교회에 다녔지만 무속에 대한 편견은 없었다. "그래, 만나 보자."

우락부락한 모습의 명 도령은 영수에게 악수를 청한 뒤 본론을 꺼냈다. "비용이 만만찮게 들어갈 것 같아." 주은의 큰딸이 신가물이 있어 무당이 되는 걸 막으려면 누름굿이 필요하다는 것이었다.

명 도령이 영수에게 말했다. "아우, 사랑하는 주은이를 위해 얼마 쓸 수 있어?" 주은의 눈빛을 확인한 영수는 1000만 원은 있다고 했다. 명 도령은 호탕하게 웃어댔다. "남자네 남자야! 300만 원만 내시게. 나머진 내가 할 테니."

영수는 3일 뒤 주은에게서 전화를 받았다. 누름굿 과정에서 둘째 아이 백호살(백호가 물고 가서 피를 흘리며 죽는 살)까지 풀어야 해 541만 원이 더 필요하다고 했다. 살풀이를 하지 않으면 학교 입학 후 성폭행을 당할 수 있다고 했다. 영수는 주은에게 돈을 보냈다. 그렇게 영수의 목돈

1000만 원이 사라졌다.

명 도령은 영수를 신당으로 불러 밥을 먹자고 했다. 그는 "누름굿이 잘 끝났다. 남자답다"라고 치켜세웠다. 대화를 하다 보니 나쁜 사람처럼 보이진 않았다. 주은도 그렇게 말해 왔다. 그날 영수는 명 도령이 무당의 길을 걷게 된 과정을 들었다.

"나는 어려서부터 인천 강화도 굿당 아래서 신의 기운을 받으며 자랐어. 벼락치기로 성균관대 철학과에 입학한 뒤 한의사 꿈을 꾸게 돼 원광대 한의학과로 편입했지. 이후 중국 유학길을 나섰다 한국으로 돌아와 본격적으로 건달 일을 했어. 범서방파 행동 대장으로 김태촌이라는 보스를 모셨지. 그러다 신병이 점점 심해져 신내림 받고 무당의 길을 걷게 됐지."

영수는 이후에도 똑같은 얘기를 수십 번 들은 터라 허풍이라고 생각하지 않았다. 무엇보다 주은을 행복하게 해 주겠다는 약속을 지킨 것 같아 기뻤다.

주은도 영수를 사랑했지만 명 도령의 말이 마음에 걸렸다. "영수가 두 번째 부인을 맞이해서 잘사는 팔자네." 그 뒤의 말은 심장을 내려앉게 했다. "네가 죽어야 할 수도 있어." 초조해하는 주은에게 명 도령이 말했다. "영수의 조상들이 화가 난 거 같거든? 조상 합의굿을 해야겠어."

주은은 돈이 없었다. 이미 누름굿, 사업굿에 돈을 다 쓴

터였다. 주은이 주저하자 명 도령은 무서운 말을 늘어놓았다. "현금 서비스 있잖아. 너를 위해 애써 준 영수에게 예의가 아니지 않아?" 주은은 결국 이리 뛰고 저리 뛰며 300만 원을 마련했다. 명 도령은 이 일을 영수에겐 비밀로 하자고 했다.

영수와의 궁합 문제로 명 도령은 주은을 불러 자주 술을 마셨다. 일주일에 한 번은 꼭 명 도령이 부른 곳으로 향해야 했다. 그 자리서 명 도령은 주은을 혼냈다. "선녀님이 머리 묶으라 했는데 풀어? 실수하네." "회식으로 돼지고기를 먹어? 선녀님이 화나셨겠어." 그때마다 명 도령은 주은에게 벌을 줬다. "벽 보고 서." "무릎 꿇어." "밖으로 나가." 거역할 수 없었다. 명 도령이 아니었다면 이혼, 영수, 가족, 사업 문제가 해결되진 않았을 테니까.

광기로 치닫는 신의 뜻

2017년 3월 주은과 영수에게 아이가 찾아왔다.

기쁜 소식을 가족보다 먼저 명 도령에게 알렸다. 하지만 그의 반응은 살벌했다. "뭐라고? 애를 임신했다고? 신당으로 와."

명 도령은 편의점에서 사 온 임신 테스트기를 펼쳐놨다.

10개 넘는 임신 테스트기는 하나같이 임신을 뜻하는 두 줄을 띄웠다. 주은은 명 도령이 심란해하는 이유를 알지 못했다. 하지만 입 한번 벙긋할 수 없었다. 이미 수차례 입보였기 때문에 한마디 한마디를 조심해야 했다. 한숨을 푹푹 쉬던 명 도령은 술상을 깔고 영수를 부르라고 했다.

영수는 전화를 받고 급히 신당으로 달려갔다. 명 도령은 항상 소주를 맥주잔에 따라 마셨다. 술을 줄 때도 맥주잔에 소주만 가득 따랐다. 혼자 술을 마시던 명 도령이 입을 열었다. "동생, 아이 낳으면 안 돼." 영수는 주은의 반응을 살폈다. 주은은 아무 말도 하지 않았다.

"임신한 애, 범죄자 될 팔자야. 딸 애들한테도 피해가 갈지 몰라. 괜찮겠어?" 영수는 주은이 말 한마디 꺼내지 않는 게 이상했지만 일단 답했다. "낳고 싶습니다. 키워 보겠습니다 형님."

명 도령은 맥주잔에 소주를 가득 담아 영수에게 건넸다. 마시면 바로 또 한 잔 따라줬다. 선녀신의 명령이라고 했다. 사실 영수는 술을 잘 못했다. 하지만 술잔을 거두려 할 때면 항상 명 도령은 신의 말을 빌려 술을 마시라고 지시했다. 그날도 여느 때와 같았을 뿐이다.

취기가 오르면서 정신이 조금씩 흐트러졌다. 명 도령의 언성도 함께 높아졌다. "야이 새끼야. 너 감당 못할 짓 하지 마. 가정 파탄 나면 네가 책임질 거야? 미친놈이네 이

거."명 도령은 또다시 맥주잔에 소주를 따라 영수에게 건넸다. 얼굴이 달아오른 영수의 눈빛이 흐려졌다.

세 시간 동안 명 도령의 설교가 이어졌다. "실수하네 이놈. 우리 선녀신이 누름굿도 해 주셨지. 널 위해 이렇게 고생하는데 애를 낳겠다고? 지금까지 지켜준 거 다 무너트릴 셈이야?" 신의 말을 빌린 명 도령의 윽박은 영수를 구석으로 밀어 넣었다.

영수의 눈에 눈물이 흐르기 시작했다. 사실 알고 있었다. 일은 일대로 했지만 굿 비용으로 나간 게 많아 모은 돈이 없다. 결혼도 하고 싶었지만 준비가 안 된 게 사실이다. 범죄자가 될 팔자인 아이를 어떻게 키워야 할지도 모르겠다. 지금 있는 두 딸에게도 미안한 마음뿐이다. 영수는 울먹이며 실토했다.

"죄송합니다 형님, 못 낳겠습니다." 결국 명 도령이 소개해 준 병원에서 아이를 지웠다.

명 도령은 낙태 이후 신들의 분노가 잦아졌다고 했다. 태아가 원한이 깊어 굿을 해야 했고 자손을 해친 죄로 주은과 영수의 조상님들이 노해 천도재와 부정풀이를 해야 했다. 월직차사(저승길로 인도하는 사자)께서도 아이를 무책임하게 버린 영수에게 분노했다고 했다. 일주일에 서너 번 진행한 굿 비용은 500만 원이 넘었고 주은과 영수는 명 도령에게 건넬 돈을 벌려고 각각 서너 개의 아르바이트를 해야 했다.

2017년 여름, 주은과 영수는 신용 불량자로 전락해 개인회생 절차에 들어갔다. 휴대전화 비용을 내지 못해 지하철 와이파이를 찾아다녀야 했고 도로에서 차가 멈추자 기름값이 없어 두 시간을 꼬박 걷기도 했다. 그럼에도 주은과 영수는 지인에게 빌린 돈과 밤낮으로 일해 번 돈을 명 도령에게 꼬박꼬박 바쳤다. 명 도령은 그렇게 2년간 2억 원이 넘는 돈을 뜯어 갔다.

돈으로는 부족했을까. 2017년 겨울부터 명 도령은 거의 매일 신의 이름을 들먹이며 부부를 때렸다. 신당, 음식점, 노래방 등 장소를 가리지 않았다. "술을 마시지 않는다." "굿 비용이 밀렸다." 등 갖가지 명목으로 주먹을 휘두르고 발길질을 하고 목을 졸랐다. 주은에게는 "성관계를 하지 않으면 아이들이 잘못될 수 있다." "선녀신이 시킨다"라며 수차례 잠자리를 요구하기도 했다.

영수는 돈이 없어 일에 매달렸지만 매일 밤 호출에 응했다. 체중은 20킬로그램 이상 빠졌다. 대리 운전을 하다 졸아 사고 날 뻔한 적이 한두 번이 아니다. 그럴 때면 명 도령은 "이놈 또 실수하네"라고 소리쳤다. 맥주잔에 가득 담긴 술을 마시다 구토를 하면 하루종일 치욕스러운 욕을 들어야 했다. 폭행은 머리를 밀치는 정도로 시작됐지만 강도가 심해져 발로 차이는 날이 일상이 됐다. 누구도 명 도령을 말릴 수 없었다.

한번은 인천 강화도 펜션에서 소주가 가득 담긴 맥주잔을 다섯 번 연속 들이킨 날이었다. 잠깐 바람을 쐬겠다는 허락을 맡고 차에서 쉬었다. 그때 명 도령이 차 문을 열고 영수의 머리채를 잡아 끌고 갔다. 펜션 안에서 개를 잡듯 영수를 팼다. 명 도령은 영수를 발로 차 넘어뜨린 뒤 머리를 즈려밟고 목을 졸랐다. 폭행은 한 시간가량 이어졌다. 숨을 쉬지 못하는 상태에서 영수는 힘을 쥐어 짜내 "가혹하십니다"라고 한마디 했다. 그 직후 명 도령의 눈이 돌아갔다는 것만 기억이 난다. 그때 주은은 영수가 죽었어도 이상하지 않았다고 했다. 영수는 대꾸할 힘이 없었다는 것만 기억난다.

주은과 영수는 서로 대화를 하지 못했다. 굿 비용을 대느라, 형님께 맞아 생긴 상처를 치료받느라 하루 중에 두 사람이 만날 수 있는 시간은 명 도령의 말씀을 듣는 새벽 시간뿐이었다. 명 도령의 시중을 들고 난 뒤엔 쪽잠을 자느라 바빴다. 명 도령은 항상 영수에게 "선녀신이 그러는데 네가 너무 아깝댄다. 왜 저런 년을 데리고 다니냐"라며 역정을 냈다. 명 도령은 주은에게 "선녀신이 그러는데 저 정신머리없는 새끼 죽어 버려야 한다"라며 분개했다. 명 도령은 영수에게, 명 도령은 주은에게 서로를 믿지 말라고 했다.

정말로 주은은 영수를 믿지 못했다. 지친 몸을 이끌고

명 도령을 바래다준 뒤, 산본역 부근에 함께 있을 때였다. "영수야. 우리…… 그냥 그만할까." 영수가 답했다. "그래도 해야지. 형님이 하라고 하셨잖아." 주은은 그 뒤로 영수에게 힘든 마음을 털어놓지 못했다.

영수도 주은을 믿지 못했다. 채무 관계가 얽혀 주변 사람과 연락이 모두 끊기면서 명 도령에게 돈을 못 바치는 날이 생기기 시작했다. 그때마다 영수를 채근한 건 다름 아닌 주은이었다. "오라버니가 우리 이렇게도 신경 써 주시는데 늦으면 어떡해. 어떻게든 마련해."

그래봤자 인간, 인간일 뿐

"저희도 알아요. 바보 같아 보이죠? 하지만 그럴 수밖에 없었어요."

유 형사에게 이야기를 늘어놓던 주은이 힘없이 말했다. 유 형사는 태연한 척했지만 속은 부글부글 끓고 있었다. 베테랑 형사가 듣기에도 명 도령의 행태는 너무 파렴치했다. 서류를 넘기며 마음을 다잡은 유 형사가 물었다. "그래서, 어떻게 빠져나온 거예요?" 그때 유 형사는 주은의 눈빛에서 살기를 느꼈다.

2018년 겨울, 주은은 술집 아르바이트를 하고 있었다.

어김없이 명 도령의 호출이 이어졌다. "비공식 모임, 새벽 3시까지 호프집." 명 도령은 매일 알코올 중독자처럼 술을 마셨고 그 자리에 항상 주은과 영수를 불렀다. 주은은 한 시간 거리를 이동해 가게에 들어섰다. 주은은 이미 자신의 몸이 자신의 것이 아니라고 생각했다. 그날도 명 도령은 술을 한껏 마셔 취했다.

새벽 5시가 되자 안주로 시킨 오돌뼈와 스팸, 튀김 안주가 바닥을 드러냈다. 명 도령은 신의 말씀을 전달하는 데 집중했다. 건달로 활동했던 시절의 이야기도 반복했다. 주은은 밤을 새운 상태라 정신이 아득했다. 이내 곧 졸음이 쏟아졌다.

"졸아?" 눈앞에 명 도령의 성난 표정이 들어왔다.

당시 명 도령은 그의 다음 말이 가져올 파장을 모른 듯하다.

"새끼들을 찢어 죽여서 보여 줘야겠네. 안 그래?"

그 순간, 주은은 본능적으로 '인간' 명 도령을 노려봤다. 핏발 선, 살기가 가득한 눈이었다. 몰려오던 졸음이 달아났다. 단전에서부터 깊은 분노가 치밀어 올랐다. 주은은 그동안 아이들을 생각하며 모든 걸 버텨냈다. 명 도령이 아이들을 위해 희생한다고 믿어 왔기 때문이다. 그런데 아이들을 죽이겠다고? 내 아이들을? 주은은 그 순간만큼은 무엇도 두렵지 않았다. 명 도령이 두렵지 않았다. 심지어 신도 두렵지 않았다.

명 도령은 당황한 듯했다. 주은의 눈을 피하고 황급히 술자리를 마무리했다. "그러니까 잘하라고……." 들릴 듯 말 듯한 말만 남긴 채 명 도령은 호프집을 떠났다. 주은은 비틀대는 그의 모습을 보며 망치로 머리를 얻어맞은 느낌이 들었다. 그는 신이 아니었다.

2019년 1월, 명 도령은 영수만 불렀다. 영수는 몇 달 전 호프집에서 무슨 일이 있었는지 모르겠지만 주은의 기류가 달라졌음을 눈치챘다. 영수 역시도 지칠 대로 지쳐 있었다. 아마 한 달 전쯤 야밤에 굿비를 가져오라는 명 도령의 호출에 응하기 위해 졸음 운전을 하다 가드레일을 박았을 때 명 도령이 사고 지점까지 달려와 한 시간 동안 야구 방망이로 자신을 팬 날의 충격이 컸던 것 같다. 평소와 다를 바 없는 폭행이었지만 '뭔가 잘못됐다'라는 생각이 들었다.

다만 티를 내진 않으려 했다. 영수는 명 도령이 부른 술집으로 향했다. 명 도령은 영수를 데리고 양주 한 병을 벌컥벌컥 마셔 댔고 이차로 간 떡볶이집에서도 술을 마셨다. 영수는 명 도령을 바래다줘야 했기에 술을 입에 대지 않았다. 명 도령이 모텔에 가고 싶다고 해 영수가 운전대를 잡았다. 그런데 군포시청에 다다랐을 즈음 명 도령이 말했다. "내가 운전할게." 명 도령은 막무가내였다.

차는 곡예 운전을 시작했다. 차선을 수없이 바꿔 댄 명 도령은 뒤따라오던 택시와 접촉 사고를 냈다. 1초의 정적, 명 도령은 영수를 쳐다봤다. 운전자를 바꾸자는 신호였다. 영수는 일단 명 도령이 시키는 대로 했다. 그러나 완전 범죄는 불가했다. 택시 운전사가 그 광경을 목격했기 때문이다.

 주은은 영수의 연락을 받고 급히 경찰서로 향했다. 분명히 영수가 사고를 냈다고 했다. 허겁지겁 달려간 경찰서, 다섯 명의 형사 앞에 두 남자가 앉아 있었다. 한 명은 허리를 꼿꼿이 편 채 수사관 질문에 점잖게 답하고 있었다. 다른 한 명은 겁을 먹은 듯, 잔뜩 웅크린 채로 벌벌 떨고 있었다. 주은은 두 눈으로 똑똑히 봤다. 당당한 사람은 이영수, 벌벌 떠는 사람이 명 도령이었다.

 "경찰들? 그거 별거 아냐." 명 도령은 건달 시절 얘기를 늘어놓을 때마다 이 말을 빼먹지 않았다. 그런데 명 도령은 경찰들 앞에서 잔뜩 졸아 있었다.

 "별것도 아닌 게 저래도 되는 거야?" 조사를 마치고 나오자 명 도령은 말했다. 주은의 마음은 더 복잡해졌다. 주은의 생각을 읽은 건지 모르겠지만 명 도령이 느닷없이 수사관에게 달려갔다. "아니! 너무한 거 아녜요?" 형사 두 명이 팔짱을 낀 채 다가왔다. "불만 있어요? 조사 기일에 나오시면 됩니다." 명 도령은 군말 없이 경찰서를 나왔다.

 세 사람은 국밥집으로 향했다. 명 도령은 더 기이하게

행동했다. "영수야 네가 운전했다고 지금처럼 계속 진술해. 변호사비 다 대줄게. 블랙박스 메모리 카드 이리 줘." 명 도령은 메모리 카드를 화장실 변기에 내려보냈다. 그동안 주은과 영수는 아무 말도 하지 않았다.

명 도령을 모텔로 데려다주고 주은이 영수를 쳐다봤다. 영수도 이상함을 느꼈다. 주은은 마지막 기회라고 생각했다.

"영수야, 너 아직도 믿어?"

잠깐의 침묵 이후 영수가 답했다.

"아닌 것 같아."

떳떳하다는 그 뻔뻔함

유 형사는 결정하기가 쉽지 않았다. 일단 형사과 소속인 만큼 사기 사건을 다뤄본 경험이 많지 않아 자신이 없었다. 하지만 유 형사마저 못하겠다고 하면 주은과 영수에게 갈 곳이 없다는 생각이 들었다. "그래. 어떻게 될지는 모르겠지만 한번 해봅시다."

1년 동안 명 도령 수사에 매진한 유 형사는 왜 경찰서 세 곳에서 고소장 접수를 꺼렸는지 이해가 됐다. 무속인 사건은 혐의 입증이 정말 어려웠다. 당사자들이 '위안'을 얻었다면 사기로 볼 수 없다는 대법원 판례가 있었다. 더구나 가스라이팅 범행은 증거랄 게 별로 없었다.

유 형사는 유죄가 입증된 사건들을 샅샅이 뒤졌다. 명 도령이 그간 돈만 받고 무속 행위를 하지 않았거나 명 도령이 제대로 된 무속인이 아니었다는 점을 증명하면 됐다. 유 형사는 2년 동안의 주은의 계좌 내역을 전부 뽑아 편취 금액을 특정했다. 동시에 명 도령이 실제로 굿을 하지 않았다는 사실을 입증하기 위해 그가 자주 갔다던 계룡산을 비롯해 영험한 산을 다 둘러봤다. 그곳에 있는 무속인마다 '명 도령의 무속 행위가 적절했는지' 물어봤다. 폭행을 당했다는 신당, 노래방, 음식점을 일일이 다니며 종업원과 사장에게도 당시 상황에 대한 진술을 요청했다.

유 형사는 수사 기간 동안 주은만 일고여덟 번을 만났다. 영수도 다섯 번 만났다. 노력에도 불구하고 난항은 이어졌다. 일단 노래방, 음식점 종업원, 사장들이 수사에 협조하지 않았다. 명 도령이 단골 손님이라는 점이 영향을 줬지만 그보다 명 도령이 주은과 영수를 폭행하면서 "이모, 사장님. 이놈들이 애를 낙태한 아주 나쁜 놈들이라 제가 혼내는 거니까 신경 쓰지 마라"라고 외쳐댔다고 한다. 목격자들은 하나같이 "에이 그 부부가 몹쓸 짓 해서 맞은 거 같던데? 기억 안 나"라며 회피했다.

유 형사는 포기하지 않았다. 사건을 대충 마무리하라

는 주변 형사들의 만류에도 "할 수 있어요. 시간을 더 주세요"라고 투덜댔다. 유 형사는 주은과 영수가 변해 가는 걸 느꼈다. 그들은 경찰 수사가 이어지면서 오히려 누구보다 악착같이 살았다. 눈에도 생기가 돌았다. 매 여섯 시간 넘는 경찰 조사에도 힘든 티 한번 내지 않았다. 그들의 심지는 단단했고 유 형사의 수사를 적극 도왔다. 그들은 명 도령이 제대로 된 벌을 받기를 바랐다. 단순히 사라진 2년을 보상받기 위해서만이 아니었다. 또 다른 피해자들에게 힘이 돼 주고 싶다고 했다. 자신들이 좋은 선례로 남길 바랐다.

2020년 봄, 유 형사는 명 도령을 마지막으로 조사했다. 명 도령은 항상 변호사를 대동했다. 옷도 깔끔하게 입고 예의도 참 발랐다. "긴장이 돼서요. 형사님. 담배 한 대만 피우고 와도 되겠습니까?" 유 형사는 그런 명 도령의 모습을 보며 '부부를 그렇게 괴롭히더니 수사기관 앞에선 참 나약하구나'라고 생각했다. 조사가 끝나자 명 도령이 유 형사에게 물었다.

"형사님, 이거 인정될 거 같나요?"

1년 내내 혐의를 부인하던 명 도령이었다. 주은이 이체한 돈을 온라인 게임, 가전 제품 구매, 공과금 등에 썼다는 사실을 보여 줬는데도 그는 떳떳하다고 항변했다. 명 도령의 뻔뻔한 모습이 스치자 유 형사는 퉁명스럽게 답했다. "모르죠. 재판 가서 싸워 보세요." 그러자 변호사가 까탈스러운 말투로 끼어들었다. "유죄를 추단하고 말씀하신건가요?" 유 형사는 화가 머리끝까지 치밀어 올랐다. 그래도 꾹꾹 참아낸 뒤 말했다.

"혐의가 있든 없든 재판은 가지 않을까요? 추단한 적 없습니다."

명 도령은 2022년 3월 17일 대법원에서 징역 1년 4개월을 확정받았다. 법원은 △첫째 딸의 누름굿 △둘째 딸을 위한 재살풀이 △낙태한 아이의 태아 천도재 등에 쓴 1669만 원에 대해서는 무죄로 판단했지만 나머지 1억 원의 무속 행위에 대해선 실제 굿을 하지 않았다는 점을 인정했다. 다만 성폭행, 공갈 등은 공소 사실에 포함되지 않았다. 유 형사는 그게 미안했다.

명 도령이 수십 번 늘어놓았던 일대기도 거짓말로 판명났다. 유 형사는 수사 과정에서 명 도령이 조폭이 아니라는 사실을 확인했다. 우리가 성균관대와 원광대에 명 도령의 입학 및 편입 여부를 문의하자 그의 이름을 찾을 수 없다는 답변이 돌아왔다.

주은과 영수는 더 이상 무속을 믿지 않는다. 그 대신에 과거를 마냥 묻어두지도 않았다. 그간 있었던 얘기를 모두 털어놓자 가족도 둘을 탓하지 않았다. 주은과 영수는 결혼식을 올렸고 셋째 아이를 낳았다. 모든 게 정상으로 돌아왔다. 그런데 명 도령의 행방이 묘연하다. 배달일을 하다 잠적했다는 소문만 무성하다. 우리는 변호사를 통해 명 도령의 입장을 듣고자 했지만 연락이 되지 않았다.

명 도령이 법의 심판을 받았지만 부부는 여전히 풀리지 않은 의문이 있다고 했다. 명 도령이 주은을 처음 만났을 때 어떻게 개인사를 줄줄이 맞혔냐는 것이다.

그건 정말 신의 목소리였을까. 유 형사는 한참을 생각하더니 이렇게 말했다. "추정은 되지만 당시 조사하진 않았어요."

2024년 9월 6일. 우리는 서울의 한 골목길에 위치한 피부숍을 방문했다. 그곳에는 명 도령을 주은에게 소개해 준 이지민이 있었다. "명 도령을 아시나요?" 지민은 소스라치게 놀라며 인터뷰를 거절했다. 하지만 끈질기게 설득하자 용기를 내서 우리 앞에 섰다. 자신도 가스라이팅에 시달렸다고 했다. 명 도령이 용한 사람인 줄 알았는데 어느 순간 이상하다고 느껴 도망치듯 연락을 끊었다는 것이다.

지민에게 조심스럽게 물었다.

"혹시 명 도령에게 주은 씨의 직업, 취미, 가족사를 말해 준 적 있나요?"

지민이 답했다.

"네, 주은이 얘기를 많이 했죠…… 그런데 무슨 일 있었나요?"

취재 후기

무속이 정말로
사람을 치유할 수 있을까

본격적으로 한국 사회에 퍼진 무속을 탐사하기 전, 우리는 무속인이 저지른 범죄 양상을 대략적으로 알아보기 위해 과거 판결문들을 검색해 봤다. 우리가 놀란 지점은 크게 두 가지였다. 무속인이 관여한 범죄 건수가 생각보다 많다는 점, 그리고 적지 않은 비율의 무속인이 손쉽게 무죄 판결을 받았다는 점이었다. 특히 후자가 준 충격이 컸다. 검찰의 기소 내용만 읽어 보면 충분히 처벌받아 마땅한 무속인에 대해서도 법원은 피해자가 위안을 받았다면 사기로 볼 수 없다는 판결을 내렸다. 이때 이런 생각을 했다. '피해자 인터뷰가 어렵지는 않겠다.' 억울한 피해자가 많은 만큼 그들에게 가닿기만 한다면 하고 싶은 말은 이미 준비돼 있을 것이라고 짐작했다. '무속인' 키워드로 잡히는 10년 치 판결문을 전부 확인하고 사회적으로 조명받지 못한 사건 60건을 선별했다. 60개 사건

중에서도 연락처, 주소, 직장, 소셜 미디어 계정 등을 통해 연락을 취할 수 있는 19명의 피해자를 고른 뒤, 이들을 만나기 위해 한 달간 서울, 경기, 전라, 경상, 충청 지역을 돌아다녔다. 지역마다 1박 2일, 2박 3일 동안 자택, 직장, 지인 집을 무작정 찾아갔다. 만약 자택에 있다면 직접 이야기를 나누려 노력했고 없다면 편지를 남겼다. 편지를 남긴 뒤에도 대면으로 기획 취지를 설명하기 위해 수차례 재방문을 시도했다. 한 명의 피해자를 만나기 위해 여섯 시간 동안 집 앞 계단에서 무더위를 식히며 기다려야 했다. 밤늦은 시각이었지만 죄송한 마음을 무릅쓰고 택시를 타고 찾아가 불쑥 벨을 눌렀다. 산 중턱에 걸쳐 있는, 피해자 가족이 살았던 단독주택을 어렵사리 찾아갔다. 인적이 끊긴 지 오래됐는지 집 안쪽으로 풀과 나무가 무성하게 자라 있었고 악취가 풍겼다. 조금이라도 피해자들의 이후 행보를 알 수 있는 단서를 얻고자 썩은 마루와 서랍을 뒤졌다. 이웃, 인근 가게 점원, 부동산, 택시 운전사, 노인정, 구청 등 피해자 흔적을 알 만한 사람을 붙잡고 물어봤다.

숱한 노력에도 불구하고 우리가 만나 직접 대화를 나눌 수 있었던 피해자는 10명뿐이었다. 우리가 찾아간 곳에 피해자가 더 이상 살지 않았던 경우도 있었으나 대부분은 아예 기자를 만나고 싶어 하지 않았다. 가까스로 대면으로 만나 대화를 해도 최종적으로 인터뷰에 응하지 않은 경우도 있다.

결국 60개의 사건에서 시작된 취재는 최종적으로 5명의 피해자를 인터뷰했다.

우리가 만난 피해자들은 하나같이 똑같은 말을 했다. "인터뷰를 하기까지 큰 용기가 필요했습니다." 무속 자체가 음지에서 이뤄지고 비합리적 행위라는 사회적 인식이 강하다 보니 피해자는 무속인에게 억울한 일을 당해도 주변 눈초리가 두려워 애써 사건을 가슴 속에 묻어 둬야 했다. 자칫 용기를 내 공론화를 시도해 봤자 "애초에 무속인한테 의존한 게 잘못"이라는 비난이 돌아올 게 뻔했다는 것. 가스라이팅 피해자가 사건을 공론화하지 못하는 이유와 흡사하다.

그랬기에 명 도령 사건 피해자에게 애착이 갔다. 한주은 부부는 명 도령에게 2년간 가스라이팅 피해를 입었다. 해당 사건의 판결문 분량은 꽤 짧다. 겉으로 봤을 땐 소위 '얘기가 안 되는 사건'으로 보였다. 그러나 겉으로 보이는 단순함에도 불구하고 대법원까지 법정 다툼이 이어졌고 부부가 함께 피해를 입었다는 점이 우리의 호기심을 자극했다.

우리가 최초에 파악한 건 군포에 위치한 주은 씨 어머니의 집주소뿐이었다. 복도식 아파트였는데 대문 앞에는 장난감이 잔뜩 쌓여 있었다. 어머니는 우리의 방문에 무척이나 당황했다. 문을 반쯤 열어놓은 채로 잔뜩 경계하는 모습에서 짐작 가능했다. 특히 딸의 이름인 '한주은'을 언급하자 어머니의 경계심은 극에 달했다. 곧바로 우리는 차근차근 취재의 취지를 설명했고 집주소를 알게 된 경위를 상세히 전달했다. 어머니는 잠깐의 고민 끝에 딸에게 내용을 전달해 주겠다고 말했다.

집 앞 복도에서 한참 편지를 쓰고 있을 때 어머님이 말했다. "숨기고 싶은 과거라서…… 딸이 하기 싫을 거예요." 아마 젊은 기자가 집 앞 복도에서 편지를 쓰는 모습이 가여워서 실망하지 말라고 미리 언질을 했던 것일지도 모르겠다. 편지 작성이 마무리될 즈음 주은 씨가 어머님의 전화를 받고 우리를 만나러 왔다. 단발머리에 이목구비가 뚜렷한, 특히 맑고 또렷한 눈망울을 가진 여성이었다. 사전에 어머니께 설명한 대로 다시 한번 취재 취지와 주은 씨를 찾아오게 된 과정을 꼼꼼하게 설명했다. 잠깐 고민하던 주은 씨는 인터뷰에 응하기로 했다. 영수 씨도 주은 씨의 뜻에 따라 함께 인터뷰하게 됐다.

주은 씨 부부가 인터뷰에 응한 이유는 복합적이었다. 부부는 그간 누구보다 2차 가해로 고통받아 왔다. 사건 직후 억울함을 호소하고 싶었지만 주변 사람을 비롯해 심지어 경찰까지도 그들의 어려움을 이해해 주지 않았다. 당시만 하더라도 가스라이팅 범죄에 대한 이해도가 높지 않았다 보니 더 힘겨운 싸움을 했던 게 아닐까 싶다. 세월이 흘러 우리가 찾아갔을 즈음 사건의 여파는 정리돼 있었지만 마음 한편에 아픔과 답답함이 남아 있다고 했다. 인터뷰를 통해 이를 토해 낸다면 조금 나아지지 않을까 하는 희망도 갖고 있었다. 그리고 무엇보다 자신들과 같은 피해자가 또 나타나지 않기를 진심으로 바라고 있었다. 실제로 이런 맥락에서 주은 씨는 자체적으로 유튜브, 인스타그램 채널을 운영하고 있었다. 다른 가스라이팅 피해자를 위로하는 내용을 주로 다루는데 주은 씨는 자신의 채널을 보고 힘을 얻었다는 시청자의 사연을 소개해 주었다. 주은 씨는 우리와 대화를 할 때 이런 말을 가장 많이 했다. "피해자가 왜 숨어야 하는 건가요."

인터뷰 과정에서 주은 씨는 아이들 이야기가 나올 때마다 눈물을 흘렸다. 주은 씨에게 아이들이 어떤 의미였는지 알 수 있었다. 사건을 돌이켜보면 명 도령은 이런 사실을 잘 알고 있었고 이를 철저히 이용한 것으로 보인다. 주은 씨 역시 아이들에 대한 미안함을 이번 사건이 남긴 가장 큰 상흔으로 생각했다. 글의 서두를 아이들 이야기로 시작한 이유가 여기에 있다. 사기꾼 무당이 피해자의 가장 취약한 지점을 파고든다는 점을 꼭 알리고 싶었다.

우리는 한주은의 어머니, 동생, 동생 친구를 만나 인터뷰를 진행하기도 했다. 이들은 명 도령에게 2년간 가스라이팅을 당하던 시기의 주은 씨를 이상하게 생각하긴 했지만 범죄 피해자였을 거라곤 상상하지 못했다고 한다. 주은 씨가 어렸을 때부터 책을 좋아했고 호불호를 명확히 표현했으며 친구들 사이에서 그 나름대로 리더 역할을 자처했던 똑 부러진 성격의 소유자였던 만큼 모든 가족이 주은 씨가 그런 일에 연루됐을 거라 전혀 의심하지 않았다고 한다. 어머니는 종종 딸이 전화를 받을 때 잔뜩 긴장한 표정으로 방구석으로 뛰어가거나 밤늦게 귀가하고 돈을 빌리는 빈도가 잦아지는 모습을 보면서 무언가 잘못 돌아가고 있음을 어렴풋이 깨달았다고 한다. 그럼에도 주은 씨가 당시 관련한 이야기를 꺼내고 싶지 않았기에 어머니 입장에서도 지켜보는 것 외에 방법이 없었다고 말했다.

어머니는 돌잔치 행사에서 주은 씨와 함께 명 도령과 인사를 나눈 적도 있었다. 주은 씨의 묘사와 유사하게 어머님은 명 도령의 외향이 위압적이었다고 설명했다. 그래서 어머님은 처음에 주은 씨가 명 도령과 친하게 지내는 것을 두고 걱정을 표했다. 물론 "우리를 도와주는 사람이니 안심해도 된다"라는 주은 씨의 말에 금방 의심을 거두었지만 말이다. 주은 씨의 동생은 명 도령과 술자리를 갖기도 했다. 당시 동생은 명 도령을 두고 "우락부락하고 말하는 것도 깡패같았다"라고 회상했다. 그러나 동생 역시 태권도 사범 생활을 오랫동안 했었기에 누군가의 외향에 큰 의미를 부여하지 않았고 명 도령의 말과 행동은 주변에서 쉽게 볼 수 있는 '남자다운 형' 느낌에 가까웠던지라 그러려니 하고 넘어갔다고 한다. 명 도령의 야비한 면은 그날 술자리에서도 드러났다. 처음에는 동생에게 편하게 말을 하다가 그가 태권도를 오래 했다는 사실을 듣고 팔씨름을 하면서 만만찮은 상대임을 알아챈 뒤에는 정중하게 대했다는 것이다.

그러나 동생 입장에서는 누나를 누구보다 믿고 따르고 있었기 때문에 주은 씨 부부가 점점 야위어가도, 돈을 빌려도, 힘들어 해도 하나하나 캐묻지 않았다고 한다. 주은 씨 부부는 명 도령에 대한 고소장을 접수하면서야 어머니와 동생에게 피해 사실을 고백했다. 어머니는 누구보다 큰 충격을 받았음에도 딸과 사위를 탓하지 않았고 금전적 지원을 아끼지 않았다. 어머니가 그들의 버팀목이 돼 주었던 셈이다. 동생 역시 어머니와 마찬가지로 수사와 재판이 진행될 때 누나를 적극 도왔다. 가스라이팅 피해자가 고통스러운 과거를 극복하는 데 있어 가족의 지지와 위로가 얼마나 중요한지 역시 이번 사건이 함축하고 있는 메시지다.

유재원 형사는 미디어에서 쉽게 접하는 전형적인 강력계 형사 캐릭터에 가깝다. 날카로운 눈매와 툭툭 던지는 거친 말, 한껏 흐트러진 자세와 경험에서 우러나오는 여유 있는 태도. 처음에는 이런 사람이 경찰서에서 서너 번 거부당한 사건을 단순히 선의로 맡았다는 사실이 쉽사리 이해가 가지 않았다. 그러나 거듭된 질문에도 유 형사의 답변은 일관됐다. "그냥 마음이 갔어요." 유 형사는 명 도령을 굉장히 똑똑하고 영악한 사람으로 기억했다. 부부의 돈과 시간을 갈취하는 동안 둘 사이를 이간질하기 위해 부단히 노력했다는 점에서 그렇다. 명 도령은 의도적으로 부부를 따로따로 불러 술을 마셨다. 그러면서 자리에 없는 사람을 욕하고, 자리에 있는 사람을 치하했다. 그리고 서로가 서로를 감시하도록 부추겼고 매일같이 술을 마시거나 잡심부름을 시키면서 부부가 집에 가면 바로 잠에 들 수밖에 없도록 몰아붙였다. 둘이서만 대화할 수 있는 시간을 없애는 전략이었다. 결국 부부는 명 도령의 신통함을 두고 가끔 의구심이 들어도 서로에게 속마음을 털어놓지 못하고 지레 포기할 수밖에 없었다. 누구보다 의지해야 할 두 사람이 누구보다 서로를 옥죄었던 셈이다.

명 도령은 술집에서 영수 씨를 폭행할 때 종종 주은 씨에게 그 장면을 촬영하도록 시키기도 했다. 언뜻 보면 범죄 증거를 남기는 행위라 그 동기가 이해가 가지 않는다. 하지만 이 역시 철저히 계산된 행동이라는 게 유형사의 설명이다. 폭행을 당하는 영수, 그 장면을 찍는 주은, 둘 모두에게 공포감을 심음으로써 두 사람이 범죄 피해 사실을 남들에게 꺼내지 못하도록, 신고하지 못하도록, 대화하지 못하도록 만들었다는 것이다. 이와 더불어 단골 술집 혹은 노래방에서 주은 씨 부부를 폭행하고 못살게 굴 때에도 명 도령은 항상 종업원과 사장이 듣게끔 소리쳤다고 한다. "사장님 이놈들 아주 나쁜 놈들이에요. 자기 애들 낙태한 놈들이에요. 그래서 혼내는 거니까 걱정하지 마세요." 이처럼 우락부락한 모습 뒤에 숨겨진 영악함, 반대로 수사 기관 앞에서 한없이 작아지는 치졸함에,

유형사는 명 도령을 조사하면서 치를 떨었다고 했다. 유형사는 우리가 사건을 이해하는 데 큰 도움을 주었다. 특히 부부를 인터뷰하면서 주은 씨가 명 도령의 손아귀에 들어온 과정은 이해가 갔지만 영수 씨가 함께 빨려들어간 배경이 좀처럼 납득되지 않았다. 이에 대해 묻자 유형사는 간단명료하게 답했다. "주은 씨를 사랑했으니까요." 영수 씨가 이상함을 느꼈더라도 사랑하는 주은에게 도움을 줬다는 느낌을 거듭 받으면서 조금씩 명 도령에게 스며들었다는 것이다.

이지민 씨는 주은 씨 사건에 대해 정말로 몰랐다. 다른 무속인 범죄 판결문을 보다 보면 무당이 자신의 신도를 시켜 지인을 신당으로 끌어들이도록 유도하는 사례가 자주 나온다. 기존 신도로부터 지인의 정보를 캐내고 지인이 신당을 방문하면 영통한 척 연기하는 방식이다. 지민 씨도 명 도령의 소위 '빨대' 역할을 수행한 것으로 보인다. 다만 지민 씨가 처음부터 악의가 있었다고 생각하지는 않는다. 우리가 최초에 지민 씨의 업장을 찾아가 명 도령과 한주은의 이야기를 꺼내자 그는 곧바로 사색이 되며 입을 틀어막았다. 기획 취지와 지민 씨를 찾아온 이유, 그 과정을 설명할 때는 한참을 말을 잃고 멍하니 우리를 바라보기도 했다. 그 후 곧바로 예약 손님이 들어와 바로 인터뷰를 진행하지는 못했다. 그로부터 몇 시간 뒤, 지민 씨는 도저히 인터뷰를 못 하겠다는 내용의 문자를 보내왔다. 여전히 명 도령이 무당이자 건달이라 자신에게 어떤 식으로든 위해를 가할 것이라는 걱정이 커 보였다. 이에 우리는 곧바로 명 도령이 사기꾼 무당이고 건달이 아니라는 사실을, 그리고 실형을 산 뒤 지금은 잠적해 도망 다니고 있다는 점을 전달했고 주은 씨의 명예 회복을 위해 인터뷰에 응해달라고 재차 요청했다.

기나긴 설득 끝에 2주 정도 지나 지민 씨는 용기를 내 인터뷰에 응했다. 사실 인터뷰를 하면서도 지민 씨에 대한 의심을 놓지 않았다. 같은 내용을 다르게 질문하는 등 다양한 방식으로 지민 씨가 어떤 사람인지 파악하기 위해 노력했다. 혹여나 명 도령과 한패였을 수 있다는 생각이 남아 있었기 때문이다. 우리의 판단에 오류가 있을 수는 있겠으나 지민 씨와 오랫동안 소통하면서 느낀 점은 그가 거짓말을 하는 것처럼 보이지는 않았다는 것이다. 그저 몹시 순박하고 겁이 많은 사람이었을 뿐이라는 게 우리의 결론이다. 다시 돌이켜본다면 지민 씨의 인터뷰는 이번 사건 취재의 핵심 조각이었다는 생각이 든다. 지민 씨가 인터뷰에 응하지 않았더라면 사건에 대한 서술은 반쪽짜리로 끝났을지도 모른다.

한주은 부부는 "그래도 다 털어놓으니 속이 시원하다"고 말했다. 부부는 현재 결혼 후 평온한 삶을 살고 있다. 아이들도 건강하다. 딸들이 사춘기를 겪고 있어 조금 힘들지만 그래도 행복하다고 했다. 마지막으로 주은 씨 부부와 막내 아들과 함께 식사를 했다. 막내 아들은 주은 씨와 영수 씨를 반반 빼

닮아 장난기가 많은 귀여운 남자아이였다. 그날 식사를 마치고 자료를 돌려주면서 인사를 나누는데 갑자기 눈물이 나서 급하게 지하철역으로 향했다. 어떤 감정이었는지 아직도 잘 모르겠다. 명 도령의 행방은 여전히 오리무중이다. 명 도령에게서 협박성 메일을 받거나 직접 만날 기회가 생겼으면 했지만 아쉽게도 그런 일은 벌어지지 않았다. 이를 두고 한주은 부부는 "그 정도 깜냥도 되지 않는 사람이고 도망 다니느라 바쁠 것"이라고 반응했다. 지민 씨는 우리에게 연락해 준 은 씨 부부에게 사과의 메시지를 전달해 달라고 했다. 한주은 부부의 앞날을 응원한다면서.

정수 씨 사건의 판결문을 봤을 때는 전형적인 굿 사기 사건에 해당하는 듯 보였다. 그래서 큰 부담 없이 기차를 타고 대전으로 향했던 기억이 난다. 반바지에 반팔, 슬리퍼 차림으로 등장한 정수 씨는 호탕하면서도 시원시원한 말투를 구사했다. 두 시간 넘게 대화를 나누는 과정에서 정수 씨는 담배를 손에 놓지 않았다. 30분~1시간에 한 번씩 담배를 피러 밖으로 나갔고 막바지에는 담배를 피면서 인터뷰를 진행했다. 정수 씨는 인터뷰 내내 이미운에 대한 분노를 여과없이 표출했다. 때로는 비속어를 섞으며 이미운에게 당했던 과거를 한탄했다. 무엇보다 정수 씨는 무속인 이미운에 대한 두려움이 전혀 없었다. 판결이 확정된 사건인 만큼 확신이 강해 보였다.

인터뷰가 마무리될 즈음 자리를 뜨려는 우리를 정수 씨가 조심스레 붙잡았다. 자신에게 도움을 줬던 소연 씨 사건도 기사에 담아줄 수 있는지 물어보았다. 정수 씨 입장에서는 은인 같은 소연 씨를 어떻게든 돕고 싶었던 것 같다. 물론 우리 입장에서도 아직 경찰 조사가 진행 중인 사건인지라 흥미가 갔고 정수 씨로부터 소연 씨의 연락처를 받았다.

일주일 뒤, 소연 씨가 운영하는 대전의 배달 전문 음식점을 찾았다. 가게는 비좁았고 어수선했다. 벽에는 딸들과 나란히 찍은 사진이 곳곳에 붙어 있었다. 소연 씨는 밝은 성품을 지닌 사람이었다. 말투부터 힘이 넘쳤고 때로는 여유 있게 유머를 섞어 가며 인터뷰에 임했다. 힘든 시기를 겪은 사람이라고는 생각이 들지 않을 만큼 웃음이 많았고 피해 사례에 대해 이야기 할 때에도 덤덤하게 털어놓았다.

처음에는 소연 씨가 신딸로서 겪은 피해 사례 위주로 이야기를 나눴다. 그렇게 인터뷰가 얼추 마무리될 즈음 소연 씨가 지나가듯 두 딸 이야기를 꺼냈다. 두 딸이 정신 질환에 시달렸고 최근에 퇴마굿을 비롯해 비방을 진행했다는 내용이었다. 무속인에게 사기를 당한 뒤 또 다른 무속인에게 도움을 받고 있다는 사실은 분명히 특별했고 서울행 기차 시간이 지났지만 더 자세한 이야기를 듣기 위해 관련 내용을 캐물었다. 소연 씨는 이후 자세한 내막을 설명하고 딸들이 정신 질환에 시달릴 당시의 사진과 영상을 보여 줬다. 특히 큰딸이 퇴마

굿을 받는 영상과 밤마다 이상 행동을 하는 모습이 찍힌 영상은 큰 충격으로 남았다. 소위 엑소시즘 영화와 다큐멘터리에서 볼 법한 무서운 장면이 다수 담겨 있었는데 뼈밖에 안 남을 정도로 수척한 상태의 큰 딸이 성인 무당 3명의 힘을 뿌리치고 소리 지르는 모습이 기억에 남는다. 두 딸의 정신 질환 이야기를 하면서도 소연 씨는 담담함을 유지했다. 사실 사건에는 주요 인물이 한 명 더 있다. 소연 씨가 처음 이미운에게 신내림을 받을 당시 그 비용을 대준 한 남성이었다. 해당 남성은 소연 씨를 사랑하는 마음에 그런 행동을 했고 이후에는 소연 씨와 함께 이미운에게 종속된 삶을 살았다. 판결문에는 그의 상황과 이름이 명시돼 있었지만 결국 만나는 데는 실패해 기사에 포함하지는 않았다. 우리는 그가 살았던 집과 직장 등을 모두 방문했지만 오래전에 잠적한 터라 찾기가 쉽지 않았다.

취재가 막바지에 돌입하자 이미운의 해명을 듣기 위해 그의 자택을 찾았다. 정원이 딸린 호화스러운 단독주택이었다. 평일 오후 시간대였던 만큼 이미운이 집에 없을 것이란 우려도 있었지만 일단 벨을 눌렀다. 곧바로 키가 크고 마른 체형의 남성이 모자를 쓴 채 대문으로 나왔다. 기자라는 사실을 밝히며 이미운의 해명을 듣기 위해 찾아왔다고 설명했다. 그러자 남성은 어떤 사건이냐고 물었고 현재 경찰 조사가 진행되고 있는 소연 씨 사건과 이미 판결이 확정된 정수 씨 사건의 개략적인 내용을 설명했다. 점잖게 내용을 듣던 남성은 이미운이라는 사람은 이 집에 살고 있지 않다며 잘못 찾아온 것 같다는 말만 남긴 채 다시 집으로 들어갔다.

주소가 잘못됐나 싶어 30분 정도 주변을 배회하던 차 문득 이상하다는 생각이 들었다. 그 남성은 이미운이라는 사람을 전혀 알지 못한다면서 왜 기자의 방문 이유를 꼬치꼬치 물었던 것일까. 다시 단독주택으로 가 벨을 눌렀다. 이번엔 이미운의 아들 이름을 대며 정말 이 사람들을 알지 못하냐고 물었다. 남성은 30분 전과는 다르게 신경질적인 반응을 보였다. 왜 계속 이 사건을 파는 것이냐고, 왜 사람을 못살게 구냐고. 본능적으로 그 남성이 이미운의 아들이라는 직감이 들었고 취재의 방향과 왜 이미운의 이야기를 듣고 싶어 하는지를 차근차근 말했다. 다행히 대화가 길게 진행될수록 남성은 노여움을 거뒀고 자신이 이미운의 아들이라는 사실을 인정한 뒤 짧게나마 정수 씨와 소연 씨 사건에 대한 억울함을 토로했다. 또한 추후 어머니에게 인터뷰 요청이 왔다고 말할 테니 의사가 생기면 다시 연락을 주겠다는 말을 남기고 우리의 명함을 받아든 뒤 집으로 들어갔다. 그 이후에 연락은 오지 않았다. 다시 편지를 남겼지만 이미운은 결국 해명을 일체 거부했다.

지금도 종종 소연 씨에게 연락을 하면 여전히 밝은 말투로 인사를 건넨다. 소연 씨 사건은 아직 진행 중에 있다. 재판의 결과가 나온다면 이미운은 또 어떤 반응을 보일지 궁금하다. 우리의 취재가 조금이라도 소연 씨에게 도움이 됐으면 하는 바람이다.

과학적으로 입증될 수 없는 이야기를 쓴다는 게 기자 입장에서 부담스러운 것이 사실이다. 소연 씨 사건이 특히 그랬다. 취재하면서 최대한 많은 사람을 만나려 했고 정신과 의사 같은 사람을 만나 객관적이고 공신력 있는 이야기를 듣기 위해 노력했다. 그러나 그런 사람들은 사건에 대해 인터뷰하기를 극도로 꺼려했다. 다양한 이유가 있겠지만 무속에 대한 막연한 선입견이 한몫하지 않았을까 싶다. 이런 어려움 속에서도 소연 씨 사건을 꼭 다뤄야 한다고 판단했다. 사람들이 왜 무속을 놓지 못하고, 왜 무당에게 당할 수밖에 없었는지를 잘 보여 주는 사건이라서 그렇다. 소연 씨의 경우 무속인에게 가스라이팅을 당했다는 사실을 깨닫고 딸들의 문제를 해결하기 위해 정신과를 찾는 등 최선을 다했다. 그럼에도 해소되지 않는 의문이 산적해 있었고 이것이 다시 무속에 빠진 이유였다. 하지만 정말 무속이 그런 의문들을 해소해 줄 수 있을까. 아직도 깊이 고민 중이다.

3장

거대한
현혹 시장의 규모

"웅덩이에 발 한쪽이 빠졌어요. 나오려고 다른 발까지 담갔지만 결국 어느 쪽도 뺄 수 없었어요."

이선아(가명) 씨는 교통사고로 고등학생을 숨지게 했다. 죄책감에서 벗어나고 싶어 무속인을 찾았는데 2년도 안 돼 17억 원 이상을 갖다 바쳤다. 무속인과의 악연을 끊어낼 용기가 없어 한때 죽음까지 생각했다.

선아 씨는 약사로 남 부러울 것 없이 살아왔지만 예기치 않은 사고가 그녀의 삶을 바꿔 놨다. 2017년 2월 선아 씨는 아파트 단지에 들어서려고 좌회전을 하다가 차를 피하려던 오토바이와 부딪혔다. 시속 20킬로미터 수준이었음에도 오토바이를 몰던 고교생은 크게 다쳤다. "사람 쉽게 안 죽는다"라던 보험사 직원의 말과 달리 사고 다음 날 학생은 사망했다. 선아 씨는 죄책감에 휩싸였다. '사람이 죽었는데 나는 이렇게 살아도 되나.'

삶의 의미는 먹잇감이다

선아 씨는 삶의 의미를 되찾길 원했다. 철학 책과 종교 책을 닥치는 대로 읽었고 유튜브 영상도 찾아봤다. 유튜브 알고리듬은 어느새 선아 씨를 무속의 세계로 이끌었다. 선아 씨는 성당에 다녔지만 영상을 보면서 무교가 꼭 나쁜 건 아니라고 생각하게 됐다. 치유하고 상처를 보듬는 무당이 있다면 만나보고 싶었다. 그러다 한 무당이 눈에 들어왔다. 영상 속 무당은 자애로웠고 영검했고 연예인도 많이 찾는다고 하니 검증받은 인물로 보였다. 어떤 영상에서는 최면 전문가가 그를 신적인 존재처럼 묘사했다. 교통사고 이후 정신적으로 혼란스러웠던 선아는 이 무당을 100퍼센트 신뢰할 준비가 돼 있었다.

선아 씨는 2020년 4월 무당에게 전화 점사(점괘로 길흉을 설명하는 것)를 들었다. 그리고 일주일 만에 1000만 원짜리 굿을 했다. 죽은 학생이 옆에 있다며 달래 줘야 한다고 무당이 공수를 내렸기 때문이다. 선아 씨는 이후 신당이 있는 경남 진주까지 매달 수차례 방문했다. 무당은 선아 씨를 조카라고 불렀고 선아 씨에게도 자신을 이모라고 부르도록 했다. 선아 씨는 자신을 위로해 주는 무당에 깊이 의지했다.

무당은 선아 씨를 만난 지 한 달도 안 돼 뜻밖의 제안을 했다. 아무에게나 주는 기회가 아니라면서 자신이 운영하는 연예 기획사에 투자해 큰 수익을 가져가라고 했다. 반기문 전 유엔사무총장 등 유명 정치인과 친분을 과시하며 국회의원 비례대표를 시켜 주겠다고도 했다. 나라에서 중요한 일도 하고 불쌍한 사람도 돕자는 얘기였다. 그러면서 8000만 원 상당의 미국 주식을 모두 팔아 자신에게 맡길 것을 강권했다. 국회의원 될 사람이 주식으로 책잡히면 안 된다는 이유였다. 선아 씨는 연예 기획사 투자금 명목으로 무당에게 1억 2000만 원을 건넸고 주식 매매금도 무당에게 맡겼다.

무당은 선아 씨에게 진주에서 함께 살자고 했다. 약국도 차리고 보건학 공부도 하자고 했다. 교통사고 이후 줄곧 아파트를 떠나고 싶었던 선아 씨는 거절할 이유가 없었다. 경기도 분당의 아파트 전세금 4억 5000만 원을 무당 요구대로 건넸다. 무당은 이후에도 약국 운영과 출마 준비 등의 명목으로 돈을 요구했다. 선아 씨는 그렇게 무당에게 1년 반 동안 17억 6631만 원을 건넸다. 이 돈을 마련하고자 선아 씨는 집도 팔고 대출도 받았다.

선아 씨의 돈이 상당 부분 넘어가자 무당은 태도를 바꾸기 시작했다. 약국에서 머리를 빗었다는 이유로 선아 씨에게 심하게 욕을 했다. 사람들을 만나지 못하게 했고 약국에 설치된 CCTV 8대로 선아 씨를 감시했다. 주말은 물론 명절에도 약국에서 일할 것을 강요했다. 무당은 약국에서 번 돈을 모두 보내도록 한 뒤 선아 씨에게는 일부만 생활비 형식으로 줬다.

하지만 거짓 위에 올린 '무당 왕국'은 결국 무너졌다. 선아 씨는 무당의 수상한 행동을 거듭 의심한 끝에 용기를 냈다. 연예 기획사에 투자 진위를 확인했더니 "이 씨의 지분은 없다"라는 답이 돌아왔다. 사기라는 사실을 알게 된 선아 씨는 2021년 12월 곧장 진주를 떠났다.

무당과 물리적 거리를 두자 모든 게 정확히 보였다. 무당이 왜 그토록 많은 돈을 요구했는지, 왜 자신을 감시하고 고립하려 했는지, 가스라이팅을 전제로 보니 모든 조각이 들어맞았다. 사기 혐의로 고소를 당한 무당은 2024년 4월 구속 기소돼 재판을 받았다. 무당은 무죄를 주장했다. 무당 변호인 측은 진행되는 사건에 대해선 언급하기 어렵다고 밝혔다.

선아 씨는 "그 무당에게 사기당한 사람이 최소 4명 더 있다"라며 "또 다른 피해자가 나오면 안 된다는 생각으로 싸우고 있다"라고 말했다. 선아 씨를 변호 중인 변호사는 나쁜 무당은 인간의 나약함과 불안을 이용한다며 선아 씨도 삶의 가장 힘든 순간에 이런 일을 당했지만 끝까지 책임을 묻고 있고 이런 노력이 많이 알려졌으면 좋겠다고 말했다.

10년 치 무당 범죄를 조사하다

우리는 이선아 씨 사건처럼 2024년 기준 지난 10년간 무속 관련 범죄로 기소된 320건의 판결문을 모두 확보해 심층 분석했다. 무속인 범죄에 대해 이처럼 대규모로 분석한 적은 없었다. 범죄 예방에 도움을 줄 목적으로 대규모 표본을 토대로 범죄 유형을 분류했다. 이번 분석을 통해 무속인에게 피해를 입은 사람들이 자신의 상황을 객관적으로 판단하고 다음의 사건들과 자신의 상황을 비교해 봤으면 좋겠다. 그래야 무속인의 가스라이팅에서 벗어날 수 있기 때문이다. 무속 범죄 패턴은 복잡한 듯 하지만 여러 사건을 모으면 비슷한 점이 뚜렷하게 드러난다.

무속 범죄의 대분류는 이렇다. ①대출 및 투자 사기가 144건으로 가장 많았고 ②도를 넘어선 기도 행위 유도 및 횡령(109건) ③성범죄(53건) ④돈 받고 약속 미이행(41건)

⑤폭행(34건) 사건 순이었다. 시계열로 봤을 때 무속 범죄는 꾸준했다. 2015년 39건으로 가장 많았지만 2016년 25건으로 줄어든 뒤 2017년 31건, 2018년 30건으로 횡보했고 2019년 다시 39건을 찍었지만 2020년 32건, 2021년 30건, 2022년 24건으로 줄어들다가 2023년에는 38건으로 집계됐다. 2024년 7월까지는 25건이 집계됐다.

그 외 주요 특징들은 이렇다. 무속인에게 금전적 피해를 당했을 때 평균 피해액은 2억 6000만 원에 달했고 주된 범죄 수법은 가스라이팅으로 조사됐다. 가해자 10명 중 5명은 법원에서 실형을 받았고 가해자의 절반 이상은 전과가 있었다.

우리는 판결문 열람 서비스를 통해 2014년 8월부터 2024년 8월까지 '무속인' 키워드로 검색된 판결문 1990여 건을 모두 검토한 뒤 무속 행위와 관련된 형사 사건 320건을 추렸다. 판결문 검색창에 '무속인'을 입력하면 무속인과 관련된 폭력, 사기, 성폭행 사건을 비롯해 음주운전, 공무집행방해, 명예훼손 등등 모든 관련 사건의 판결문을 확인할 수 있는데 우리는 이를 일일이 확인하고 무속 관련 범죄를 골라냈다. 인터넷 판결문 열람 서비스를 통해 출력하지 못한 판결문은 장동혁 국민의힘 의원실을 통해 구했다.

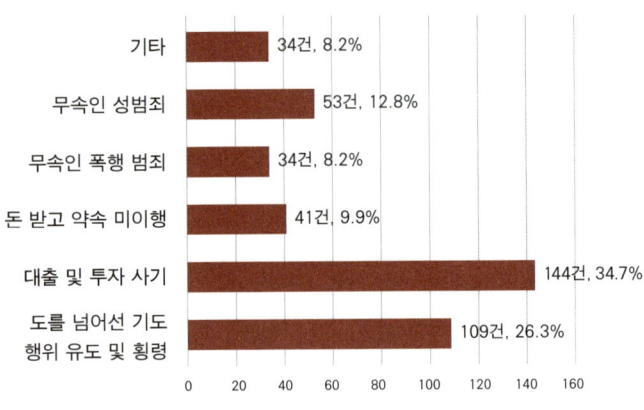

금전을 노린 사기 범죄가 가장 많았고 비싼 기도 행위를 유도하는 것이 그 뒤를 이었다. 성범죄도 적지 않았다.

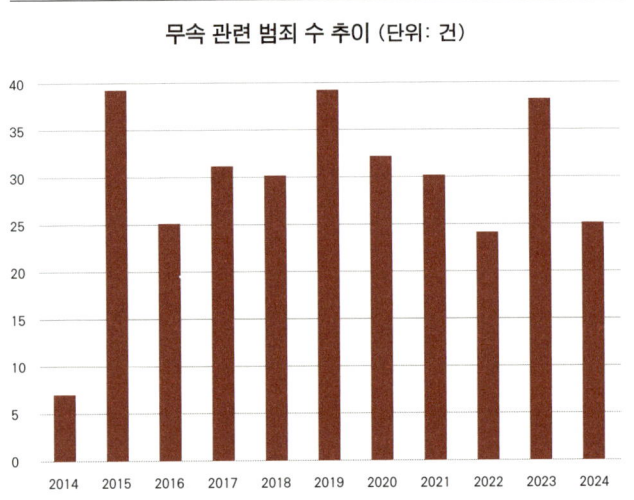

무속 관련 범죄는 2014년과 비교하면 범죄 수가 늘었고 꾸준하게 발생하고 있다.

유형 1. 무속인과 대출, 투자 사기
- 영험한 척하며 돈을 뜯다

무속 범죄 유형 중 가장 큰 비중을 차지하는 건 대출 및 투자 사기(144건, 34.7퍼센트)다. 무속인이라는 특수한 지위를 이용해 신뢰를 얻은 뒤 신도들의 돈을 탐했다. 실제로 돈을 뜯으려는 무당들은 점사를 통해 피해자의 신뢰를 얻으려고 했다. '영험하다'고 소문이 나면 신도들은 의심을 거두기에 짜고 치는 행위도 서슴지 않았다.

△울산지방법원 2심·재판부, 2024년 6월 13일
사기 혐의 선고: 무속인 2명 – 징역 3년 6월, 징역 2년 6월

두 무당은 울산 울주군의 3층 건물에서 신당을 운영했다. 둘은 신아버지와 신딸 관계로, 신내림을 받으면 신딸(남성이면 신아들), 신내림을 해 주면 신아버지(여성이면 신엄마)가 된다. 신딸은 2017년 4월쯤 신아버지로부터 신내림굿을 받아 무속 생활을 시작했다. 신아버지는 2층에서 손님이 신당을 찾은 이유를 알아내 3층에 있는 신딸에게 카카오톡 메시지로 알려 줬고 신딸은 손님의 고민을 꿰뚫어 본 것처럼 점사를 봐줬다. 신딸은 이를 통해 손님을 속여 굿을 유도했고 법원은 이를 '기망'이라 판단했다.

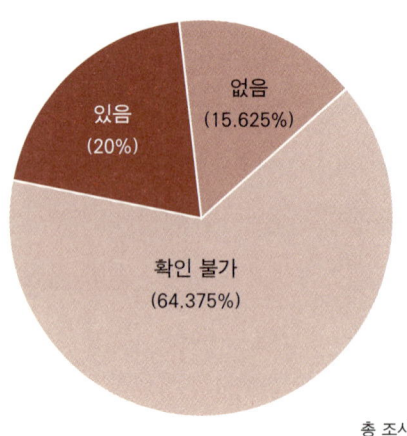

첫 방문 시 피해자 존재 여부

- 있음 (20%)
- 없음 (15.625%)
- 확인 불가 (64.375%)

총 조사 대상: 320명

10명 중 2명은 신당에 첫 방문을 했을 때부터 범죄 피해를 입었다.

  한 남성은 이들에게 퇴마 의식을 의뢰했다가 5억여 원을 뜯겼다. 두 사람은 약물 중독 등으로 이 남성의 가족 모두가 불행하게 사망했다는 사실을 알아낸 뒤 피해자를 정신적으로 종속시켜 상속 재산을 편취했다. 또한 피해자가 극도의 불안과 우울증에 시달리고 있는 점을 악용해 신내림굿을 받게 하고 급기야 신아버지와 신아들 관계로 발전하자 자신들의 대출금을 대신 갚도록 했다.

  특히 이들은 피해자로 하여금 당구장을 개설하게 하고 명의까지 뺏었다. 처음에는 피해자에게 월 1000만 원의 수익을 내게 해 주겠다고 꼬신 뒤 나중에는 "네가 삼재라

운대가 사나우니 운대가 좋은 신딸 명의로 당구장 사업자를 변경하자"라고 꼬셨다. 그러나 이들은 처음부터 다시 명의를 돌려줄 의사나 능력이 없었다.

법원은 "피의자들은 피해자 가족이 약물 중독, 심근경색, 자살 등으로 모두 불행하게 사망해 피해자가 상속받을 거액의 재산이 있다는 사실을 알고 가족들의 사망으로 피해자가 상당한 불안과 공포를 느끼며 우울증 등에 시달리고 있다는 점을 이용했다"라며 "사기 범행을 저지른 점에서 비난 가능성이 크다"라고 판시했다.

이렇게 황당한 이유도 무속인이기에 어렵지 않게 사기를 치고 돈을 뜯어낼 수 있다. 멀리 떨어져 보면 '왜 속을까' 싶은 상황도 그 맥락 안에 있으면 자연스럽다. 종교적 믿음은 과학적, 이성적 영역이 아니다.

△ 의정부지방법원 고양지원, 2020년 10월 14일
사기 혐의 선고: 무속인 1명 – 무죄

경기 파주시에서 법당을 운영하는 한 무속인은 2017년 6월 피해자에게 "내가 아는 중국집 여사장에게 돈을 빌려줘야 당신 재수가 좋아진다"라며 3000만 원을 받아 챙겼다. 돈을 주면 3개월 정도 중국집 여자에게 빌려줘 사용하도록 한 후 돌려받으면 일이 더 잘 될 것이라 설득한 것이다. 결국 피해자는 이에 넘어가 돈을 빌려줬지만 돌려받지 못했다.

다만 법원은 이 무속인에게 무죄를 선고했다. 무속인의 기망 행위로 피해자가 착오에 빠져 돈을 빌려줬다고 보기 어렵다고 판단한 것이다. 피해자가 법정에서 "3000만 원을 피고인에게 준 것은 피고인의 변제 능력과 의사를 믿고 있었기 때문이다. 피고인이 돈의 용도에 관해 무슨 말을 했더라도 줬을 것이다"라고 진술한 점을 근거로 들었다. 피해자의 착오와 3000만 원의 교부 사이에 인과관계가 있다고 보기 어렵고 사기죄는 성립할 수 없다고 판단했다.

대출, 투자 사기에 반드시 무속적 이유가 필요하지는 않다. 다른 사기 사건처럼 피해자들의 헛된 욕망을 이용하고 오랜 시간 알고 지내며 쌓아온 신뢰 관계를 이용할 수 있다. 이른바 '신성' 한 이유 없이도 무속인이 '계주'가 돼 돈을 떼어먹고 달아나는 일도 부지기수였다. 사업 자금을 빌려주면 두둑하게 이자를 쳐주겠다는 취지로 설득한 사례도 있다. 범행을 저지른 무속인들은 생활고로 처음부터 돈을 변제할 생각이 없었다.

△ 수원지방법원 안양지원, 2019년 8월 13일
사기 혐의 선고: 무속인 1명 - 징역 8월

경기 안양시 만안구에서 점집을 운영하는 무속인은 2018년 12월 손님에게 부동산 투자를 제안했다. "돈을 있는 대로 모아 주면 같은 달 27일까지 원금에 1억 원을 더해 돌려주겠다"라고 한 것이다. 그러나 이 무속인은 기존 채무를 '돌려 막기'할 생각이었고, 손님에게 원금과 수익금을 줄 의사도 능력도 없었다. 결국 이 무속인은 손님으로부터 6300만 원을 송금받았다. 이뿐만이 아니었다. 이 무속인은 똑같은 손님에게 세금 등의 문제로 돈이 더 필요하다는 취지로 거짓말해 돈을 추가로 송금받는 등 총 3회에 걸쳐 8500만 원을 편취했다.

이 무속인에게 법원이 실형까지 선고한 데에는 동종범죄 전력이 있고 집행유예 기간이었던 점, 피해자와 합의되지 않은 점 등이 영향을 미쳤다. 법원은 다만 단기간에 고수익을 얻으려 한 피해자에게도 상당한 책임이 있다는 점을 판결문에 명시했다.

유형 2. 도를 넘어서는 기도 행위 유도 및 횡령
-불안감 이용해 굿을 유도하다

두 번째로 많은 무속 범죄 유형은 이른바 '과잉 무속'(109건, 26.3퍼센트) 행위다. 지푸라기라도 잡고 싶은 심정으로 자신을 찾아온 신도들을 가스라이팅하고 고액의 굿을 수차례 강요하다가 사기나 횡령 등의 혐의로 유죄를 선고받았다. 특히 과잉 무속 피해자들의 처지는 심리적으로나 사회경제적으로나 궁핍한 경우가 많았다. '결핍'이 있어 무속인을 찾아갔다가 질 나쁜 무속인의 올가미에 걸려든 것이다. 판결문 분석 결과 피해자들은 건강 문제(29.5퍼센트)로 고통스러워하거나 경제적 궁핍·사업 문제(16.7퍼센트), 가족·친지 간 불화(15.9퍼센트), 사망한 가족 문제(10.6퍼센트), 애정·결혼 문제(9.7퍼센트)로 힘들어했다. 불안과 고통은 이성적 사고를 마비시켰고 무당들은 이 틈을 파고들었다.

△ 제주지방법원, 2019년 4월 26일
사기 혐의 선고: 무속인 1명 - 징역 3년

한 무속인은 2016년부터 제주시의 한 아파트에서 법당을 차려놓고 도내 일간지 등에 정신 질환을 치료한 경력이 있다고 광고를 시작했다. 물론 과학적 근거는 없었다. 이 무속인은 정신 질환에 대한 의학적 진단을 내릴 수 있는 자격이나 지식이 없었고 오로지 할 수 있는 건 굿뿐이었다. 이 무속인은 신문 광고에서 "정신 질환으로 입원한 환자를 데려와 환자굿을 해 치유했다" "불치병에 시달

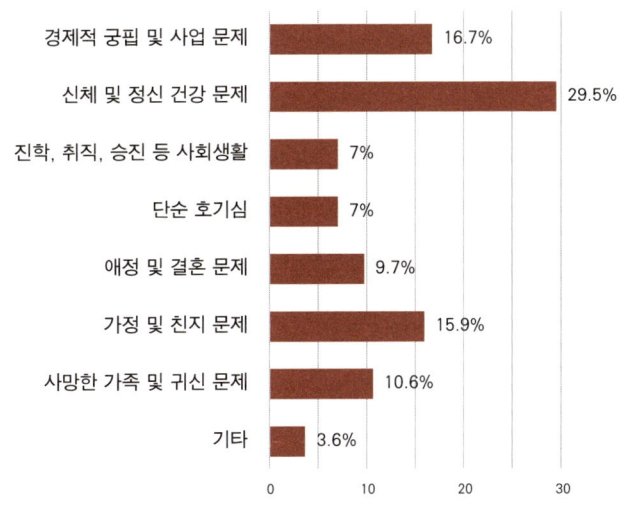

피해자가 무속인을 찾은 이유 (단위: %)

- 경제적 궁핍 및 사업 문제: 16.7%
- 신체 및 정신 건강 문제: 29.5%
- 진학, 취직, 승진 등 사회생활: 7%
- 단순 호기심: 7%
- 애정 및 결혼 문제: 9.7%
- 가정 및 친지 문제: 15.9%
- 사망한 가족 및 귀신 문제: 10.6%
- 기타: 3.6%

피해자들은 대체로 신체적, 정신적 건강 문제와 경제적 고민, 가족 문제로 무속인을 찾는 경우가 많다.

리고 정신 질환으로 고생하는 환자를 구제하는 길이 자기 몫"이라며 광고문을 게재했다.

  문제는 처지가 절박한 이들은 어디에나 있다는 것이다. 이 신문 광고를 보고 무속인을 찾은 피해자는 정신 장애를 앓는 아들이 있었다. 이 피해자는 수년간 아들의 정신 장애로 극심한 스트레스와 고통을 겪어 왔고 무속인에게 돈은 얼마든지 들어도 좋다, 선생님이 고쳐 주셔야 한다고 말하며 절박한 심정으로 매달렸다. 이 무속인은 피해자에게 "대학병원의 조현병 진단은 잘못됐다. 굿을 하면 아들이 나을 수 있으니 걱정 말라"라고 안심시켰다. 무속인은 피해자에게 "자살한 친오빠의 영혼이 아들한테 붙어 있어 그걸 떼어 줘야 한다"라며 "친오빠의 영혼을 달래줄 굿을 해야 한다"라고 했다. 피해자는 2016년 5월부터 1년여 동안 굿값과 치성값 등의 명목으로 45회에 걸쳐 총 4억 5610만 원을 무속인에게 건넸다. 실제 무속인은 굿을 했지만 판결문 어디에도 아들이 나아졌다는 내용은 나오지 않는다. 결국 사기였다.

재판부가 이 무속인에게 징역 3년을 선고하며 밝힌 양형 이유는 이렇다. 우선 피고인에게 유리한 정상. 법원은 무속인이 잘못을 어느 정도 인정하고 있고 실제 조현병을 앓는 피해자의 아들을 위해 굿과 치성을 드렸으며 피해자의 회복을 위해 5000만 원을 공탁한 점을 들었다. 또 이 무속인에게 전과가 없었다.

그러나 불리한 정상에 대해선 3배 가까이 서술했다. 재판부는 이 무속인이 피해자의 절박한 처지를 이용했으며, 피해 금액 또한 거액이고, 피해자의 경제적 곤궁을 잘 알면서도 피해자에게 굿값 등으로 더 많은 돈을 요구하며, 피해자가 금융 기관에서 대출을 받거나 사채를 빌리도록 강요했다고 서술했다. 또 남편이 이러한 사실을 알아챌 상황에 이르자 피해자에게 2000만 원을 빌려주며 이런 사실이 드러나지 않도록 하는 치밀함까지 보였다고 했다. 특히 이 무속인은 피해자로부터 용서받지 못하고 있는 점도 강조했다.

무속 범죄에 무죄가 선고되는 경우도 적지 않았다. 법원이 굿 같은 무속 행위에 대해 결과로 판단하기보다는, 마음의 위안과 평화를 주는 행위로 봤기 때문이다. 피해자가 원하는 바가 이뤄지지 않았더라도 실제 굿이 치러지거나 무속인이 신도를 위해 기도를 드렸다는 증거가 있다면 죄가 없다고 보는 경우가 많았다. 재판부가 인정하는 통상적 종교 행위의 범위가 모호하기에 유무죄 판단이 엇갈리기도 했다. 법원은 굿을 비롯한 무속 행위의 적정성을 판단하기 위해 무교 단체인 사단법인 대한경신연합회에 자문을 구할 때가 있다. 그러나 무속 신앙은 율법과 교리가 없다는 점이 특징이기에 적법이냐 위법이냐를 가르는 기준이 명확할 수 없다.

우리가 분석한 무속 범죄의 1심 무죄율은 9.8퍼센트로, 형사 사건 1심 무죄율(0.92퍼센트, 2023년 기준)보다 10배 높았다. 예컨대 부산지법은 2024년 5월 피해자의 딸과 특정 검사의 궁합이 좋다며 혼인 성사 명목으로 1200만 원짜리 굿을 진행한 무당에게 무죄를 선고했다. 법원은 "피고인은 피해자와 협의해 굿을 했으며 종교 행위의 한계를 벗어난 것으로 보기 어렵다"라고 판단했다.

△ 의정부지방법원, 2020년 10월 16일
사기 혐의 선고: 무속인 1명 – 무죄

 복합 통증 증후군이라는 희귀병에 걸린 딸과 지인에게 11억 원을 빌려주고 받지 못한 문제로 2018년 5월 한 무속인을 찾은 남성은 예상치 못한 말을 들었다. 무속인이 총각으로 살다가 죽은 셋째 형님의 영혼이 구천을 떠돌고 있으니 영혼 결혼식을 해 줘야 집안이 평안하고, 금전도 돌려받을 수 있고, 딸의 병도 나을 수 있다고 한 것이다. 무속인은 이 남성에게 영혼 결혼식 굿 비용으로 3500만 원을 요구했다. 이후 조상굿, 딸 신내림굿, 구천을 떠도는 장인을 위한 굿까지 총 2억 5000만 원을 요구했고 남성은 이에 응했다. 그러나 딸의 건강은 나아지지 않았고 빌려준 돈도 받지 못했다. 이 무속인에게 속았다고 판단한 이 남성은 무속인을 사기 혐의로 고소했고 수사 기관은 이 무속인을 사기 혐의로 기소했다.

 그러나 법원은 이 무속인에게 무죄를 선고했다. 이유는 다음과 같다. 우선 ①피고인이 제시한 굿값에 피해자도 동의했고 ②피해자는 애초에 결혼하지 못한 채 사망한 셋째 형님의 영혼 결혼식을 해줄 의사가 있었다고 봤다. 또 ③영혼 결혼식에서 신랑 각시인 나무 인형이 누워 있다가 똑바로 서서 마주하는 자세를 취하는 것을 보고 피해자는 신비스러움을 느껴 이후 굿을 실시함에 있어 적극적 의사를 갖게 됐고 ④비과학적이고 영험한 굿의 특성 등을 고려하면 굿을 통해 효험을 얻지 못했다는 사실 자체가 이 사건의 기망 행위에 대한 근거가 되기는 어렵다고 명시했다. ⑤굿값이 다른 무당들에 비해 고액이긴 하나 굿값 자체가 표준화돼 있지 않아 무속인의 '신기'나 능력에 따라 그 가격이 달라질 수도 있다고 봤다. 결정적으로 ⑥범죄 일람표에 기재된 굿 모두 실시됐고 굿의 본래 개념과 형식에 맞게 시행돼 종교 행위로 보기 어렵다거나 그 한계를 넘어섰다고 볼만한 근거도 없다고 판시했다. 마지막으로 ⑦굿이나 무속 신앙 자체의 특성을 고려할 때 피고인이 굿을 하게 된 이유나 피고인의 신기나 접신 등을 통해 알게 된 내용 등을 객관적으로 검증하기에는 한계가 있는 점을 비춰 보면 이러한 이유만으로 무속인이 상대방을 기망했다거나 전통적 관습 또는 종교 행위로서 허용될 수 있는 한계를 벗어난 행위로 보기 어렵다고 했다.

재판부는 유무죄를 판단하기에 앞서 무속 신앙에 대한 정의와 범죄 증명의 기준을 밝혔다. 무죄를 선고한 다른 판결문에서도 토씨 하나 안 바뀌고 거의 유사하게 반복되는 정의인 만큼 쉽게 풀어 옮겨 본다.

무속 신앙은 과학적으로 충분히 설명되지 않지만 오

랫동안 전통적인 관습이나 민간 토속 신앙으로 행해져 왔다. 현대에도 종교적 기도 행위의 일부로 받아들여지는 측면이 있다. 무속 신앙은 조상신이나 영혼신 등 신비로운 세계를 전제로 한다. 따라서 굿을 하는 사람은 반드시 특정한 결과를 기대하기보다는 과정에 참여하며 마음의 위안을 얻는 경우가 많다. 또한 길흉화복을 예측하고 굿을 통해 해결하려는 특징이 있다.

이처럼 민간 신앙으로 행해지는 굿과 관련해 금전을 받는 행위를 범죄로 판단할 때는 신중해야 한다. 시행자가 무속 행위를 할 의사가 없거나 효과를 믿지 않으면서 상대를 속여 부당한 이익을 취하면 사기죄가 성립할 수 있다. 또한 전통적 관습이나 종교 행위로 허용되는 범위를 벗어나 재산상 이익을 목적으로 무속 행위를 가장한 경우에도 처벌 대상이 된다.

그러나 무속인이 길흉화복을 예측하고 목적을 이루려는 의사를 가지고 실제로 무속 행위를 했다면 그 목적이 달성되지 않았거나 비용이 과하다고 해서 이를 곧바로 사기죄로 단정할 수 없다. 무속 행위가 전통적 관습이나 종교 행위의 범위를 유지하는 한 처벌은 신중해야 한다.

판결문 10건 중 1건(9.7퍼센트)에선 피해자 책임도 일부

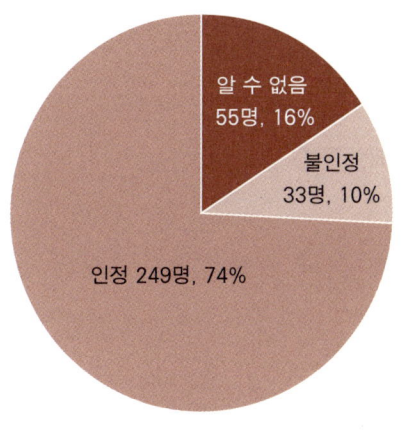

무속인 지위에 대한 법원의 인정 여부 (단위: 명, %)

법원은 무속 신앙을 과학적으로 증명되지 않는다고 보나 무속인을 직업으로서 인정하여 무속적 목적을 가지고 실제로 무속 행위를 했다면 곧바로 사기죄로 단정할 수 없다고 판단하는 경향이 있다.

명시됐다. 무속에 대한 맹목적이고 잘못된 믿음이 피해를 키웠다는 것이다. 유무죄를 판단할 때 이를 가르는 기준으로서 작용한 건 아니지만 피고인의 형량을 결정할 때 변수 중 하나인 건 분명하다. 한 피해자는 2014년 5월 사법시험 합격을 위해 무당에게 8000만 원을 건넸다가 돈만 날렸다. 법원은 2017년 11월 사기 혐의로 기소된 이 무당에 대해 징역 8월에 집행유예 2년을 선고하면서도 "피해자의 그릇된 성공 심리와 피고인에 의지해 손쉽게 사법시험에 합격하려 했던 무모한 태도가 범행 발생과 피해 확대의 원인이 됐다"라고 지적했다.

유형 3. 무속인 성범죄
-신에 빙의해 몸을 탐하다

무속 범죄 중 세 번째로 많은 유형은 성범죄(53건, 12.8퍼센트)다. 종교인 권위를 이용한 심리적 지배 후 범죄를 저지르는 종교 자체의 특수성도 있지만 무속 신앙 자체의 특징이 결부되면서 성범죄도 다양한 양태로 나타난다. 특히 가족의 불행을 예고하는 등 두려움을 조장하기도 하고 성폭행을 저지른 뒤 이건 신과의 의식이었다며 피해자를 세뇌했다. 특히 피해자들의 심리 상태가 불안정할 때 성범죄에 쉽게 노출됐다.

가스라이팅을 당해 심리적으로 지배된 상태에서 무속인의 성적 요구를 거부하기는 현실적으로 쉽지 않다. 우리가 판결문을 통해 범죄 무속인의 가스라이팅 수법을 분석한 결과, 위력 행사 및 협박·불안감 조성(38.0퍼센트)이 가장 큰 비중을 차지했다. 아울러 이자 등 직접적 물질 보상(20.3퍼센트), 위안·성취 보장(19.7퍼센트), 쌓아온 신뢰(14.7퍼센트)를 통해 피해를 주는 경우도 적지 않았다.

무속 상담은 대개 1:1로 이뤄지며 밀폐된 공간에서 진

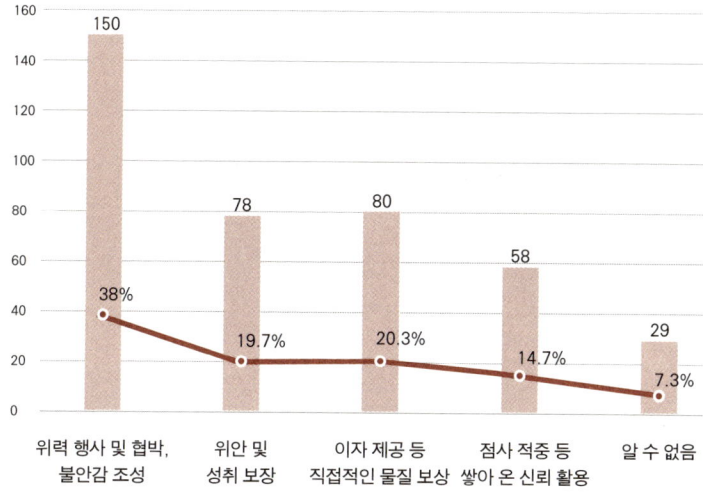

범죄 무속인은 주로 피해자의 불안을 이용하거나 허황된 약속을 함으로써 피해자를 구슬렸다.

행돼 피해자가 도움을 요청하기 어렵고 외부 감시가 없는 상태에서 성범죄가 발생할 가능성이 커진다. 굿을 위한 합숙, 특별한 기도 수행 등 명목으로 피해자를 장기간 특정 공간에 머물게 하면서 범죄를 저지르기도 한다. 신부모와 신딸 관계에서도 성범죄가 발생하고 있다.

△ 인천지방법원, 2018년 12월 6일

강제추행 혐의 선고: 무속인 1명 – 징역 1년

무속 행위 관련 범죄 형량 분류 (단위: 명, %)

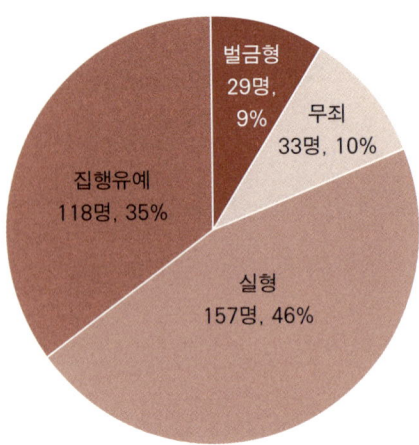

무속 행위 관련 실형 구분 (단위: 명, %)

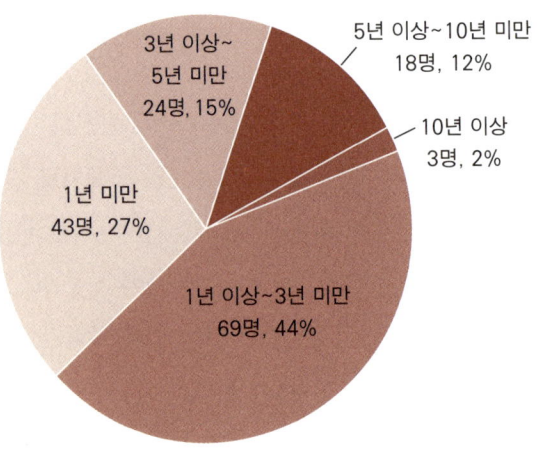

인천 계양구의 한 법당을 운영하는 무속인은 2017년 12월 피해자에게 "낙태한 아기들이 너의 몸 안에 혼령으로 남아 있다. 살풀이를 해 아이들의 혼령을 떼어 내지 않으면 계속해 몸이 아프고 불행한 일이 생긴다"라는 점사를 내렸다. 그리고 피해자를 법당 안으로 데리고 가 피해자로 하여금 속이 비치는 저고리와 속치마로 옷을 갈아입게 했다. 무속인은 피해자에게 아기가 태어나면 애가 젖을 먹으니 이상하게 생각하지 말라고 말한 후 살풀이용 도구인 붓을 이용해 피해자의 몸을 쓸어내린 후 피해자를 강제추행했다. 재판부는 이 무속인에게 "죄질이 좋지 않아 엄중한 처벌이 필요하다"라고 판시했다.

특히 무속인 성범죄의 경우, 퇴마 의식과 결합해 피해자가 무방비 상태가 됐을 때 피해가 컸다. 한 무당은 장애인을 상대로 몸속에서 귀신을 빼야 한다며 성관계를 강요한 혐의로, 또 다른 무당은 전국 각지를 돌면서 신딸들을 성폭행한 혐의로 각각 징역 5년을 선고받았다. 사망한 전 남자친구를 들먹이며 파렴치한 짓을 저지르다 철창 신세를 진 무당도 있다. 이 무당은 우울 장애를 앓으며 자살을 시도한 적 있는 피해자를 상대로 오토바이 사고로 죽은 네 남자친구가 내 몸에 있다며 강제추행했다.

△ 대구지방법원 서부지원, 2023년 1월 17일

성폭력범죄의 처벌 등에 관한 특례법 위반(업무상 위력 등에 의한 강제추행) 혐의 선고: 무속인 1명 - 징역 1년 6월

대구 서구에서 신당을 차린 한 무속인은 피해자가 기분 부전 장애(우울증의 일종)로 자살 시도를 한 적이 있다는 사실을 알고 피해자의 아버지에게 "딸의 몸에 죽은 남자친구의 귀신이 붙어 있다"라며 법당 방문을 유도했다. 이후 피해자를 대상으로 여러 차례 성추행을 저질렀다.

2021년 2월 26일, 무속인은 피해자에게 "처녀 귀신이 붙어 있다"라며 성적인 질문을 하고 퇴마 의식을 가장해 강제추행을 했다. 같은 해 2월 28일에는 "전 남자친구가 너에게 왕래한다"라며 피해자의 얼굴과 몸을 만지는 등 성적 접촉을 시도했다. 3월 12일에는 전 남자친구의 영혼이 빙의된 것처럼 연기하며 강제로 키스를 했다. 이후에도 피해자를 지속적으로 성추행했으며 4월 11일에는 자신의 몸을 만지게 하고 6월 16일에는 부적을 써준다며 피해자의 옷을 벗게 하는 등 강제추행했다.

재판부는 피해자의 일관된 진술과 피고인의 일부 인정 진술, 부친의 신고 등을 근거로 피고인의 범행을 유죄로 판단했다. 재판부는 "무속인인 피고인이 기분 부전 장애 등을 겪고 있는 피해자를 상대로 퇴마 의식을 가장해 여러 차례 추행한 것으로 그 죄책이 무겁다"라며 "피해자를 위해 450만 원을 공탁했을 뿐 피해자로부터 용서받지 못했다"라며 양형 이유를 밝혔다.

다만 폭행이나 협박 등 강제력이 없는 사건에서는 수사 기관에서 성범죄로 인정받지 못하기도 했다. 무당에게 장기간 가스라이팅을 당해 성폭행을 당했다고 주장하는 이들이 있었지만 가해자는 기소되지 않았다. 기존 강간죄의 경우 성관계 과정에서 강한 폭행이나 협박이 있었을 때만 강간죄로 인정되는데 이른바 '비동의 강간죄(피해자가 명시적으로 동의하지 않았음에도 성관계를 강요한 경우 강간죄로 인정)'는 우리나라에서 인정하지 않고 있다. 실제로 피해자가 있음에도 수사 기관에서 기소되지 않는 경우가 허다하다.

유형 4. 무속인 폭행
-귀신 대신 사람 잡았다

무속인 폭행 범죄(34건, 8.2퍼센트)는 성범죄와 마찬가지로 심리적 지배와 함께 동반되는 경우가 많다. 피해자들이 심리적으로 위축된 상태에서 폭력은 신앙적으로 정당화된다. 특히 퇴마 의식은 종종 사망 사고로 이어지기도 한다. 한 무속인은 정신 질환을 앓는 20대 여성의 몸에

뱀 귀신이 붙었다며 경면주사(황화수은을 주성분으로 한 천연 광물)를 온몸에 바르고 불이 붙은 나뭇가지를 몸에 갖다 대 전신 화상을 입게 했다. 피해자는 이틀간 방치됐다가 사망한 채 발견됐다. 법원은 상해치사 혐의로 기소된 무속인에게 징역 5년을 선고했다.

부부 중 남편을 죽이도록 종용하고 살인을 도운 무당도 있었다. 남편이 30여 년간 거의 매일 술을 마시고 폭언, 폭행을 일삼자 아내에게 남편을 살해할 마음을 먹도록 했다. 무당은 아내에게 남편이 59세에 죽을 운명이었는데 천도재를 해서 120세까지 산다며 피해자 뒷바라지하다가 네가 먼저 죽는다고 말했다. 무당은 아내에게 수면제를 건네면서 먹일 시점까지 정해 줬다. 남편이 사망하자 무당은 살인방조 혐의로 징역 2년 6월형을 선고받았다.

수사 기관은 무속 범죄를 예방하려면 상식에 기초해 판단하는 게 중요하다고 입을 모은다. 성폭력 피해자 전문 이은의 변호사는 "원하는 걸 들어주겠다고 하면서 부당한 요구를 한다면 범죄로 인식해야 한다"라며 "의사, 법조인, 교사, 목사뿐 아니라 무속인도 마찬가지"라고 말했다.

△창원지방법원, 2019년 1월 23일
폭력행위 등 처벌에 관한 법률 위반(공동상해) 혐의 선고:
무속인 1명 – 징역 3년, 신도 1명 – 징역 1년

무속인은 '할매'라 불렸다. 피해자는 수년간 이 무속인이 접신한 영령을 믿고 따랐고 거의 매일 법당에 들러 기도하고 빨래와 청소를 하는 등 허드렛일을 해 왔다. 이 무속인은 피해자에게 신용카드를 빌려주고 생활비 3000만 원을 사용하게 했다. 또 굿 비용 등 명목으로 4000만 원을 차용해 준 것을 시작으로 2017년 5월부터 매일 50만 원의 이자를 갚도록 요구했다. 이를 지키지 못하면 다른 신도와 함께 피해자에게 '벌칙'을 가하기로 했다.

실제로 피해자가 일당 50만 원을 벌어 오지 못하자 손으로 피해자 양팔을 꼬집고 손바닥으로 뺨을 수회 때렸다. 길이 50센티미터인 쇠자로 손바닥과 손등을 수회 때리고 무릎으로 허벅지를 수회 찍었다. 또 야구 배트를 허벅지와 종아리 사이에 끼워 넣고 꿇어앉게 했다. 총 14회에 걸쳐 비골의 골절, 14일간의 치료를 요하는 귓바퀴 혈종, 갈비뼈 골절상, 전신의 타박상 등을 가했다.

엽기적인 가학 행위도 벌였다. 무속인은 피해자에게 팬티와 브래지어를 모두 벗게끔 하고 하의는 가위로 찢은 치마만 입히고 상의는 탈의한 채로 신문지 한 장으로 가슴과 등만을 가리고 '보도방' 사무실까지 약 1킬로미터를 걸어 출근할 것을 지시했다.

재판부는 이 무속인의 죄책이 매우 무겁다고 판단했다. 피해자가 극심한 육체적, 정신적 고통을 겪었고 인간으로서 존엄성이 침해되는 정도에 이르렀다고 판시했다. 재판부는 "피고인은 무속인으로서 피해자와 공범에 대한 정신적 지배력을 이용해 그들을 자신의 뜻대로 조종하면서 이 사건 각 범행을 실행했는 바 비난 가능성이 더 크다"라고 했다.

유형 5. 번외편
- 정치 브로커로 행세하다

윤석열 정부 시기, 인사 청탁과 각종 이권 개입, 불법 정치 자금 수수 등 여러 의혹으로 검찰 수사를 받고 있는 건진법사는 단순한 무속인을 넘어 정치권과 재계, 관가에까지 깊숙이 관여한 것으로 보도되고 있다. 이러한 의혹이 사실이라면 무속인을 넘어 스스로 로비스트이자 브로커가 된 것이다. 물론 이는 어제오늘의 일이 아니다. 권력자는 현재의 정치 권력을 지키고자 무속인에게 의지하고 무속인은 자신의 이득을 챙기기 위해 정치인을 이용해 왔다.

△ 서울중앙지방법원 2019년 8월 23일
특정경제범죄 가중처벌 등에 관한 법률 위반(사기) 혐의 선고:
무속인 1명 - 징역 7년

계기는 아들의 미국 소재 명문대 합격이었다. 불행하게도 이 무속인이 굿을 해 준 후 아들은 실제로 대학에 합격했다. 이후 무속인은 "내 말을 따르지 않으면 남편이 공천에서 탈락하고 경쟁자가 당선되는 등 원치 않는 일이 생길 것"이라며 협박했다. 그렇게 무속인은 이 피해자로부터 2016년 3월부터 2018년 4월까지 보관금이나 차용금 명목으로 61회에 걸쳐 총 72억 원을 뜯어냈다. 그는 정치인의 아내가 자신을 신뢰한다는 점을 이용해 보관금을 맡겨야 남편이 선거에서 당선될 수 있다고 협박했다. 남편이 공천에서 탈락한 날 무속인은 뻔뻔하게도 기적이 나타날 것이라며 추가로 5억 원을 요구하기도 했다.

재판부는 이 무속인이 부동산을 처분해 피해를 회복해 주겠다는 등의 말만 할 뿐 실제 피해금을 변제하거나 변제 방안도 제시하지 못하고 있어 엄벌을 면할 수 없다며 징역 7년을 선고했다.

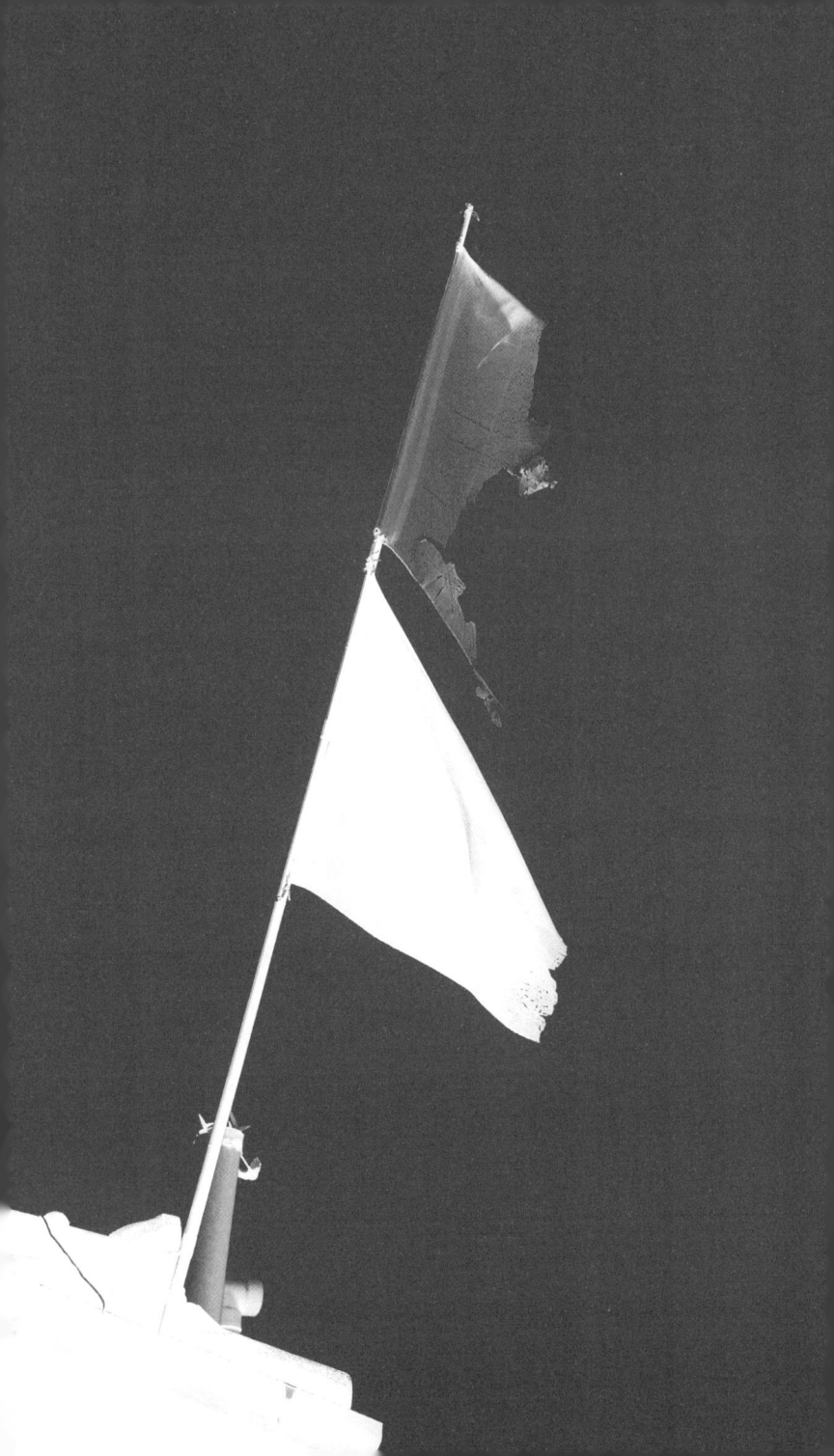

2부

현실의 무속, 무속의 현실

4장

성공하는 무당, 기도발을 세워라

"여기 묘하네. 완전 '파묘' 분위기야."

2024년 9월 7일 오전, 강원 평창군 대관령 산기슭에서 한 등산객이 히죽 웃으며 말했다. 그의 눈은 16.5제곱미터(5평) 남짓한 기와 건물로 향했다. '둥둥둥' 울리는 북, 징 소리에 맞춰 경을 읊는 스님의 낮은 목소리가 흘러나왔다. 건물 안 제단 위에는 사과와 포도, 배, 요구르트, 소주병이 놓여 있었고, 형형색색 부채와 오방색 깃발이 바닥을 화려하게 덮고 있었다. 하산길에 마주한 뜻밖의 광경에 등산객들의 표정에는 호기심이 잔뜩 묻어났다.

이곳은 대관령 국사성황당. 보통 사람들에겐 강릉시와 평창군 사이 '선자령 등산 코스'에서 우연히 마주한 작은 기와집 정도로 보이겠지만 스님에게는 매우 특별한 장소다. 등산객 무리가 발길을 돌린 뒤에도 징 소리는 계속 울렸다. 스님과 함께 있던 중년 여성 3명은 사방을 향해 절을 하고 오방색기를 흔들며 부채를 들고 뛰었다. 한 여성이 오방색기 중에서 청색 깃발을 뽑자 스님은 외가에 혹시 무당이 있었냐고 묻더니 엄마 쪽을 풀어 줘야 한다고 했다. 중간에 스님의 지시에 따라 소주 한 병을 성황당 바깥에 뿌리기도 했다. 한 시간 넘게 의식이 진행된 뒤에야 스님은 건물 밖으로 나왔다.

"어릴 때 출가했는데 살다 보니까 무속 일도 하게 됐어요. 알려지면 절에서 쫓겨나요. 여성분들은 신내림 받은 무당인데 오늘 그분들한테 (영적으로) 막혔던 것을 치워내고 '문을 여는' 치성을 드린 거예요. 새로운 문이 열리면 무당도 한 단계 더 올라갈 수 있거든요. 여기 국사성황당은 무당이라면 대부분 거쳐가는 곳이라 많이 옵니다."

스님 무리는 경상남도에서 이곳까지 찾아왔다고 했다. 스님 말대로였다. 이날에만 국사성황당과 그곳에서 20~30미터 떨어진 산신각에 70명 이상 찾아왔다. 구경 온 등산객도 있었지만 소지품이나 행색, 기도하는 모습을 보니 대부분 무속인과 함께 온 신도들이었다. '내가 무당이오'라고 밝히지 않더라도 오방색기나 부채, 방울 등 무구巫具를 들고 다니는 경우가 많아 등산객과 구분이 어렵지 않았다. 성황당과 산신각 제단 위에는 하루에도 몇 번씩 소주, 막걸리, 과자 등 기도를 위한 음식거리가 올라갔다가 치워지곤 했다.

"무당이 궁금하면 국사성황당 같은 기도터에 한번 가봐요. 몰래카메라 설치하고 싶어질 정도로 재밌는 광경이 많습니다."

기도터 탐방은 무속 전문가 조성제 무천문화연구소장의 한마디에서 시작됐다. 늦여름 더위가 기승을 부리던 2024년 9월 2일부터 6박 7일간 서울 인왕산, 충남 계룡산, 강원 대관령의 기도터를 찾았다. 방송이나 유튜브, 소셜미디어에서 보여 주는 화려한 무당이 아니라 있는 그대로의 무당을 보기 위해서다. 그곳에서 무당과 그 가족, 기도터 운영자와 신도 등 31명을 인터뷰했고 그 가운데 19명은 스스로를 신내림을 받은 무당이라고 밝혔다.

1. 신-신기를 위해 빌다

무당들은 왜 산에 오를까. 그들이 말하는 첫 번째 이유는 '신神'이다. 맑은 기운을 받아 영적 능력을 키우고 신의 목소리를 듣기 위해 산에서 기도한다는 것이다.

2024년 9월 8일 국사성황당 앞에서 만난 김민준(가명)

씨는 무당인 배우자 목화선녀의 '영'을 위해 22년간 전국 기도터를 함께 돌아다녔다고 했다. 사업 실패 후 아내가 신내림을 받자 '무당 로드매니저'로 직업을 바꿨다. 이날도 목화선녀가 기도하는 사이, 김 씨는 성황당 앞에서 담배를 피우며 인스턴트 커피를 마시고 있었다.

"무속인은 산천이랑 길에서 까먹는 돈이 너무 많아요. 한 달에 열 번 넘게 기도를 다녀야 하니까. 집사람 하는 말이 기도 많이 해야 '기도발' 받는대요. 집에만 있으면 영이 떨어져서 점도 잘 못 본다나."

기도는 사방으로 절을 한 뒤 가만히 앉거나 엎드려 명상하는 방식이 가장 흔했다. 부채나 오방색기를 흔들고 징을 치기도 했다. 기도하는 사이 내면에선 어떤 일이 벌어질까. 계룡산에서 만난 한 무당은 이렇게 말했다. "일반 사람들이 대화하는 것처럼 신과 대화하는 거예요. 신에게 질문하고 답을 듣고. 답을 안 주실 때도 있지만……."

무당들은 전국 곳곳에 있는 기도터를 다닌다. 김 씨는 아내를 데리고 북쪽으로는 파주와 고성 통일전망대, 남쪽으로는 부산, 해남, 제주도까지 1년에 1회 이상 방문한다. 국사성황당은 집에서 가까워 매달 한두 번은 꼭 찾는다고 했다.

발품을 팔아 여러 곳을 찾는 이유는 무엇일까. 기도터마다 특색이 있기 때문이다. 예컨대 인왕산은 무속인 사이에서 '한국 무속의 본점'으로, 계룡산은 '최고의 기가 발생하는 산'으로, 대관령은 '백성을 지키며 문을 열어 주는 공간'으로 인식돼 있다.

특히 인왕산 선바위와 국사당은 서울 도심 한복판에 있어 무당들이 자주 찾는다. 지하철 3호선 독립문역에서 나오면 초, 쌀 등 기도에 필요한 물품을 파는 만물상이 떡 하니 자리 잡고 있다. 역에서 15분 정도 걸으면 아파트 단지를 지나자마자 '무속의 공간'이 펼쳐진다. 기도터를 향하는 계단 왼쪽 벽면에는 호랑이 그림이 그려져 있다. 인왕산은 한양을 지키는 사신四神 중 '백호'에 해당한다. 이곳에서 만난 40대 무당은 인왕산은 무당들이 신내림 받고 나서 물꼬를 트는 곳이라며 무당이 됐으면 여기 와서 도장 찍고 가야 한다고 했다. 선바위 뒤쪽 산신각을 관리하는 박 할머니는 "요즘은 적게 오는 편이지만 예전에는 인왕산에 무당이 쫙 깔렸다. 선바위에 무당들이 놓고 가는 기도비만 하루에 200만 원 정도였다"라고 전했다.

특이한 건 기도터와 기성 종교 간 관계였다. 인왕산의 메인 기도터격인 선바위 관리 주체는 다름 아닌 인왕사. 인왕사 스님들이 당번을 정해 선바위 옆에 조그맣게 마련된 숙소에서 한 달씩 머물며 기도터에 마련된 촛불함을 관리하거나 주변 청결을 유지하는 일을 했다. 계룡산 신원사에도 '중앙단 산신기도도량'이라는 이름의 기도터가 있었다. 심지어 '대한불교조계종'과 '계룡산 신원사 중앙단 산신기도도량'이라는 문구가 함께 새겨진 단체 버스가 있을 정도로 무속 기도터와 불교 사찰이 연계된 모습이었다. 한 민속학자는 "'돈이 된다' 싶으면 불교 사찰도 기도터로 돈을 벌어 절을 위해 쓰는 것"이라고 말했다.

대관령에선 스님에서 무속인으로 전직을 한 이모 씨를 만날 수 있었다. 이 씨는 경주에서 45년간 스님 생활을 하다가 갑자기 말문이 터져 이쪽 길로 접어들었다. 사찰에서 도량을 치던 중 누군가 등을 딱 치는 느낌이 들더니 "선녀, 동자 왔다"라는 말이 본인도 모르게 나왔다는 것이다. 이 씨는 결국 절을 떠나 '신령의 말씀'을 듣고 원주에 법당 겸 신당을 차렸다고 했다.

영험함을 좇아 전국을 돌며 기도하는 행위는 신에 대한 강한 믿음이 있어야 가능하다. 기도터에서 만난 무당 가운데 신의 존재를 의심하는 사람은 없었다. 의심은커녕 젊어서 못 느끼는 것일 뿐 신은 분명히 있다고 수차례 강조했다. 이들은 기도를 한다고 해서 굿이나 점사를 바로 할 수 있는 건 아니지만 순전히 '영적 능력'을 얻으려고 먼 거리를 달려왔다고 했다.

믿음의 원천에는 무당이 되기 전 몸소 체험한 '무병(신병)'이 있었다. 무당이 된 계기를 구체적으로 밝힌 11명 중 10명은 무병을 앓았다고 했다. 그들이 묘사한 증상은 우울증, 거식증, 근육통, 소화 장애, 공황 장애, 황달 등과 유사했고 여러 증상을 동시에 겪었다는 이들도 있었다. 인왕산에서 만난 무당 해광신궁은 이렇게 말했다.

"우울증을 오래 앓았어요. 3년 동안 잘 못 자고 음식도 거의 못 먹고 토했어요. 서울에서 유명한 병원, 한의원을 20곳 이상 다녔고 용하다는 대구와 삼척 한의원까지 가봤는데 효과가 없었어요. 병원에선 '약을 바꿔 봅시다' 이런 말밖에 못 들었고요. 코로나19 걸려서 가장 아팠을 때의 상태가 3년 정도 지속됐다고 보면 돼요."

신내림을 받고 무병 증상이 '귀신같이' 사라진 점도 신을 향한 믿음을 키웠다고 했다. 해광신궁은 인터넷 커뮤니티에서 점집에 가 보라는 조언을 듣고 무당을 찾아간 뒤 신내림을 받았고 이후 무병이 사라졌다고 주장했다.

"음식 토하고 잠 못 자는 게 가장 힘들었는데 바로 사라졌어요. 라면 하나를 제대로 먹을 수 있게 됐다니까요. 근육통처럼 몸을 꽉 짜는 느낌도 없어졌어요."

이 같은 신병이 가족 문제로 이어져 무당의 길을 걸을 수밖에 없었다는 사람도 있었다. 서울 논현동에서 점집을 운영하는 빅토리아가 그런 경우였다. "무당이 되기 전에는 인생이 쉽지 않았어요. 몸이 아프고, 5분 자고 깨고, 10분 자고 깨고, 잠을 못 잤어요. 병원에 가면 병명이 안 나와요. 그때까지는 버틸 수 있어. 근데 집안 식구들 하는 일도 다 잘 안 돼. 그럼 집안에서 총대 메고 무당이 되기로 한 거예요. 내가 무당이 돼서 똑바로 하면 집안 바람이 잠재워지고 굴곡이 좀 평탄해진다는 거지."

2. 복-다른 이의 복을 빌다

 기도터에선 신도나 다른 사람의 '복'을 빌어주는 무당도 적지 않았다. 신과 소통해 신도의 액운을 쫓고 소원 성취를 도우려 기도한다는 것이다.
 무당 황한이(가명) 씨는 신도를 데리고 인왕산에 올랐다. 그는 동행한 신도를 위해 기도한다고 했다. 어떤 신도는 스스로 손님이자 운전 기사라고 소개할 정도로 황한이 씨와 돈독했다. 한 달에 한 번 신도가 운전해서 두 사람이 함께 기도터를 다녔다.
 대관령 국사성황당에선 신도 가족을 대상으로 작은 굿판이 벌어졌다. 충남 청양에서 왔다는 무당은 신도의 사업을 잘되게 해주는 조상굿을 했다며 다른 데서도 했는데 일이 안 풀려서 대관령까지 왔다고 귀띔했다. 스스로 '월곡동 족집게 무당'이라고 칭한 또 다른 무당은 무속인의 삶이 어떤지 묻자 이렇게 답했다.
 "무속인이라면 인연 있는 백성들을 위해, 한 가정의 각

성바지(성이 각각 다른 사람)를 위해 기도해야 합니다. 원한이 있는 혼백이라든가 그 조상들을 풀어 줘야 재가집(무속 의식을 결정하는 신도)이 잘되거든요. 오늘은 의뢰를 받고 혼자 왔어요. 혼자 돌아다니면서 풀어주는 거지."

일부 무당은 스스로를 무형 서비스 제공자로 인식했다. 단순히 복을 빌어 주는 차원을 넘어 상담자 역할을 강조했다. 해광신궁은 이를 '힐링 신점'이라고 불렀다.

"요즘에 속 얘기를 할 곳이 없잖아요. 나도 '어떻게 해야 된다'고 방향을 얘기해 주긴 하지만 그 사람의 고민을 들어주는 것 자체가 중요해요. 어떻게 힘들었고 얼마나 마음고생이 컸는지, 털어놓는 것만으로도 도움이 되거든요."

신도를 대할 때 무속 행위와 현대 의학의 공존을 고민하는 무당도 있었다. 빅토리아는 신도가 찾아오면 점을 봐야 할지, 심리 상담을 해야 할지, 정신건강의학과에 보내야 할지 우선 판단한다고 했다. 점집에서 해결될 문제가 아니라면 최면 치료를 받는 게 어떻겠느냐며 병원을 찾도록 유도한다는 것이다.

반대로 무속에 과도하게 심취해 손님에게 위험한 처방을 내리는 무당도 있었다. 계룡산에서 만난 한 무당은 현대인들이 앓고 있는 암, 정신 질환, 우울증의 원인은 신이기 때문에 신으로 못 고칠 건 없다고 말했다. 그에게 손님에게 우울증 치료가 필요하다고 판단되면 어떻게 하느냐고 묻자 "약 먹지 말고, 차라리 쌀 한 말 올리고 기도하자고 말한다"라는 대답이 돌아왔다.

무당을 찾아 기도까지 바라는 손님들의 주된 고민은 뭘까. 기도터에서 만난 무당들의 일관된 답은 '진로'였다. 20대는 취업을 앞두고, 30대와 40대는 이직을 앞두고 찾아오는 일이 많다고 했다. 사업을 하는 중장년층도 '언제 일을 확장하면 좋겠느냐' 등 중대사와 관련된 고민으로 점집을 찾는다고 했다.

기도터에 무당, 혹은 무당과 함께 온 신도들만 오는 것은 아니었다. 복을 위해서라면 일반인도 홀로 기도터를 찾는다. 인왕산에서 만난 80대 할머니는 서울에서 살 때부터 경기 김포시에 사는 지금까지 60년간 한 달에 한 번씩 이곳을 찾았다고 했다. 그는 가족들 건강하게 해달라고 빌기 위해 기도터를 찾는데 그렇다고 무당들을 만나거나 점을 보지는 않는다고 했다. 인왕산 천신당을 관리하는 김모 씨는 일반인들은 주로 자식이 수능 같은 중요한 시험을 앞두고 있을 때 잘 보게 해달라고 기도하러 온다고 했다. 대관령에서 만난 50대 남성은 그가 하는 침술, 척추 교정 사업이 잘되기를 빌기 위해 경기 용인시에서 왔다고 했다. "옛말에 마을 이장이라도 하려면 논두렁 정기라도 받아야 된다고 했잖아요. 뭐 무속이라기보다는, 에너지, 기운 받으러 온 거죠."

3. 전-돈을 위해 빌다

 기도터에선 상업화된 무속의 단면도 보였다. 점집이나 굿당만큼은 아니지만 기도터 역시 '돈벌이의 장'이었다. 대관령에서 작은 규모의 조상굿이 진행됐다. 무당은 신도에게 "하나하나 짚어 줄테니 하라는 대로만 해라"라고 말하더니 "사무실 책상에 조그만 화분을 하나 갖다 놔라. 근데 다육이(다육식물)는 안 된다." "지금 사무실이 너무 어둡다. 좀 밝게 해놔라." "내년 음력으로 3월 말부터 8월 말까지 막걸리를 들고 ○○에 가서……." 등 구체적인 지시를 내놨다. 이를 지켜보던 다른 무속인은 최소 수백만 원짜리라고 알려줬다.

 기도터에선 무당이 기도하는 모습을 일행이 휴대전화 카메라로 찍어 주는 장면도 목격됐다. 신도가 함께 오지 못한 경우 '당신을 위해 이렇게 기도했다'고 증명하는 용도다. 원격 기도 거래 시스템인 셈이다.

 무당들 사이에서도 돈은 주요 화두였다. 인터뷰에 응한 대다수 무당은 지나친 상업화에 우려의 목소리를 냈다. 무속 사기 문제도 인식하고 있었다. 인왕산에서 만난 40대 무당 박모 씨는 요즘에는 '진짜 무당'은 별로 없고, 70퍼센트는 돈이 목적이라며 안타까워했다. 그는 과거 케이블 방송에서 주로 방영하던 무속 콘텐츠를 두고 이렇게 말했다. "예전에 엑소시스트 방송할 때 돈 주고서 많이 했잖아. 그것 때문에 이름 터지고(유명해지고), 돈 준 만큼 그만큼 돈을 또 벌고, 그걸로 또 투자하고, 이런 식이지."

최근 무속들이 애용하는 유튜브 광고도 상업화에 일조하고 있었다. 사람마다 차이가 있었지만 개인적으로 유튜브를 만들어 운영하려면 3개월에 약 600만 원, 한 달에 250만 원 정도가 든다고 했다. 인왕산에서 만난 한 무당은 "그 광고비를 어디서 빼겠어요? 복채로 빼고 굿값으로 빼야 되잖아요. 결국 가게 오는 손님들한테 그 돈을 더 받아내야 하잖아요"라고 말했다.

'무당 매니저' 김 씨도 자세히 보면 90퍼센트가 '사짜(사기꾼)'라며 혀를 찼다. 해광신궁은 좀 더 구체적으로 얘기했다. "시간 지나면 점을 잘 보는지 못 보는지 알려지잖아요. 그래서 무당 일 시작할 때 (손님들이 실력을 잘 모르니까) 세게 당기는 것 같아요."

산신각 관리자 박 할머니는 요즘 무당들이 뭘 아느냐며 한탄했다. 그는 경기 김포시에서 인왕산까지 찾아오는 한 손님의 이야기를 전하며 혀를 끌끌 찼다. "그 사람 딸이 대학 시험을 보는데 원체 재산이 많았나 봐. 그걸 무당이 알았는지 1500만 원에 굿을 하자고 하더래. 그래서 작년에 굿을 했는데 대학에는 떨어졌대. 1500만 원 날리고 대학도 떨어진 거야. 그런 일이 너무 많아." 또 다른 무당은 무당이 돈 벌려고 작정하면 한 사람 딱 집어서 그 사람만 계속 공략하는 게 제일 돈 벌기 쉽다고 했다.

돈을 노리는 사기 수법을 구체적으로 증언하는 이도 있었다. 계룡산에서 만난 무당 임운애(가명) 씨는 어떤 무당이 "너 진짜 나쁜 일 있다. 누가 곧 죽을 거다"라고 말하면 사기, 협박이라고 봐야 한다며 문제는 사기 치는 무당들이 돈을 잘 벌고 착한 무당들은 힘들다는 것이라고 했다. 빅토리아는 사업 운이든 이직이든 점 보러 온 목적이 있을 텐데, "왼쪽에 할머니 모시고 왔네. 전쟁통에 돌아가신 분이 있네"라며 무관한 얘기를 하는 무당들은 조심해야 한다고 말했다.

무당들은 과잉 신내림굿 문제를 알고 있었다. 신을 내려 무당으로 만드는 신내림굿은 굿 중에서도 가장 비싸다. 이 돈을 노리고 무속인이 될 필요가 없는 사람에게 신을 받아야 한다고 겁을 주는 무당이 많다는 것이다. 신굿이 극성을 부리다 보니 무당들이 이른바 신제자를 양산하고 그 제자들이 다시 제자를 양산하는 '무당 피라미드'까지 생겨났다.

과잉 신굿은 젊은 무당 사이에서 특히 화제였다. 무당 박수영(가명) 씨는 2030 무당의 현실을 구체적으로 폭로했다. "신내림을 해 준 무당이 다음 날부터 연락이 안 돼요. '100일 기도 들어 가라' 하고 잠수 타요. 그러면 아무

것도 모르는 애동(견습 무당)은 물어볼 데가 없잖아요. 그러다 보니 카카오톡 오픈 채팅방에서 애동끼리 모여 소통하고 공부하기도 해요. 신굿은 받았는데 이 길이 아닌가 걱정하는 애동들이 정말 많아요."

박 씨 역시 채팅방을 통해 만난 무당 김홍우(가명) 씨와 함께 계룡산에서 기도를 하던 중이었다. '선생님' 무당을 모시고 오려면 또 30만~50만 원은 드려야 하기 때문에 애동 둘이서만 왔다고 했다. 김씨는 대출까지 받아 신굿 받았는데 말문이 안 터져서 무당 일 못 하는 사람을 많이 봤다며 '무당이 무당 잡아 먹는다'는 얘기가 나올 수밖에 없다고 거들었다.

당장 애동을 버리지 않더라도 무당 피라미드는 경제적 목적으로 돌아간다. "내가 제자 하나 만들면 그 제자가 또 제자 내고 그러면 내가 손님이 없어도 밑에 제자가 굿 받아오는 걸로 돈 버는 식"이라든가 "교육을 안 해줘서 제자들은 굿을 할 줄 모르잖아. 그러니까 굿 받아 오면 신엄마를 찾아갈 수밖에 없는 거야. 그러니까 돈벌이로 제자를 내는 거지"라는 증언도 있었다.

그런데도 최근 젊은이들이 무당이 되고자 스스로 나서는 경우도 적지 않다고 한다. 김홍우 씨는 이 일을 돈으로 보고 직업으로 접근하는 이들이 있다며 굿 한번 하면 손쉽게 1000만 원 이렇게 떨어진다고 하니 '나도 뭔가 끼가 있는 것 같은데 이 길 가야 겠다'는 젊은 사람들을 봤다고 전했다. 특히 유튜브를 통해 무속을 쉽게 접할 수 있게 된 점이 이를 가속하고 있다. 박수영 씨는 유튜브에서 무당들이 라이브로 점사 봐주는 것을 보면 쉬워 보이고 그러다 보니 '나 꿈 잘 꾸고 귀신 보는 것 좋아하는데' 이런 친구들이 '그냥 맞추면 되는 것 아닌가'하고 접근한다고 말했다.

실제 그들의 수익은 어떻게 될까. 개인차가 워낙 커서 어림잡을 수 없다는 게 공통적인 의견이었지만 잘 버는 편인 무당은 "보통 정월(음력 1월) 같은 경우 한 달에 2000만~3000만 원도 번다. 우리는 지방이니까 그렇지, 서울이었으면 더 버는 무당들도 많을 것"이라고 말했다. 다만 굿 1회에 1000만 원을 넘긴다고 해서 무당이 이를 다 가져가는 건 아니라고 설명했다. "도와주는 선생들 인건비 주고 이것저것 사고 나면 50퍼센트는 나가요. 1000만 원짜리 굿을 했으면 도와주는 1인당 70만~80만 원은 줘야 돼요. 적게 주면 또 나중에 욕 먹으니까. 또 굿당에도 보통 40만 원은 줘야 하고 굿당 주방에서 일하는 아주머니들한테도 10만 원씩은 줘야지. 거기에 과일 사고, 떡 사고, 돼지 잡고…… 이렇게 굿 한번 하면 먹고 사는 사람이 10명이 넘는다니까."

지나친 상업화와 무속 사기의 폐해는 고스란히 무당들

에게 돌아온다. 계룡산에서 만난 무당 우모 씨는 한숨을 쉬며 말했다. "무속이 토속 신앙인데도 부정적 인식이 강한 건 자초한 거예요. 좋은 무당도 있지만 이미지를 깎아먹는 무당들이 워낙 많잖아요."

그럼에도 내부 자정은 쉽지 않아 보인다. 대부분 나와는 무관한 얘기로 치부하기 때문이다. 인터뷰에 응한 무당들은 "목사나 스님 중에도 사기꾼은 있지 않느냐" "나는 사기 안 쳤는데 억울하다" "사기 치는 무당에게는 신이 알아서 벌 줄 것"이라며 대수롭지 않게 여겼다. 박수영 씨는 문제 의식을 갖고 있는 무당들도 있지만 다들 나 하나 이렇게 움직인다고 해서 이 세계가 바뀔 것 같지 않다고 다들 생각하는 것이라며 얼굴 팔려 가면서 문제 제기 해 봐야 이 판에서 욕만 더 먹는다는 인식도 있다고 토로했다.

무속인들이 바뀔 수 있겠느냐고 묻자 우 씨는 고개를 저으며 말했다. "힘들다고 봐요. 무당들은 단합이 안 되거든요. '그 무당은 당신과 다르게 얘기하던데'라고 하면 대번 '거기서 사기친 거야'라고 하잖아요. 서로가 서로를 사기꾼이라고 부르고 다들 '내 신령님이 최고'라고 하는데 어떻게 화합할 수 있겠어요?"

5장

누가 어디에
점집을 내어 주는가

    점집은 어디에나 있다. 서울의 주택가 골목길에도, 대형 빌딩 속 오피스텔에도, 간판 없는 건물의 2층과 3층에도 점집은 있다. 하지만 왜 그곳에 있는지 눈여겨보고 이상하게 여기는 이들은 많지 않다. 그만큼 무당과 점집은 우리 사회와 오랫동안 함께 했으며 우리 사회에 깊이 녹아들었기 때문이다.

    무속 신앙은 단순히 전통 관습, 혹은 종교가 아니다. 특정한 삶의 형태이며 시장 경제의 산물이기도 하다. 무당들이 점집을 차리는 곳에는 공통된 특징이 있다. 돈이 돌고, 사람이 모이고, 역사가 흐른다. 논현동의 무당들은 입소문으로 손님을 받고, 고소득, 권력층 고객이 몰리며 점

서울 시내 점집의 분포도

논현, 은평, 미아, 홍대, 동묘-신당역 일대에 점집이 많이 몰린 것을 확인할 수 있다.

집 표식인 깃발도 필요 없다. 반면 미아동의 무당들은 오래전부터 터를 잡고 있던 나이 든 이들이 대부분이지만 이제는 손님이 줄어 점집들이 사라지고 있다.

서울에서 점집이 가장 많은 곳은 어딜까? 우리는 네이버에 점술업(신점, 사주, 타로)으로 등록된 1만 5853개 주소 데이터(2024년 8월 1일 기준)를 추출한 뒤, 지리 정보 분석 업체 '비즈 GIS'가 제공하는 '엑스레이 맵' 분석 프로그램을 이용해 점집 주소를 지도상에 점으로 찍어 분석했다. 반지름 2.45킬로미터 원(면적 8.9제곱킬로미터)을 기준으로 서울에서 점집이 많은 곳을 조사했더니 논현역을 중심으로 한 지역에 285개가 몰려 있어 가장 많았다. 이어 △은평구 역촌역 인근 214개 △동묘-신당역 인근 193개 △미아사거리역 인근 182개 △홍대입구역 인근 148개 순이었다.

데이터를 보면 명확한 흐름이 보인다. 실제로 점집이 몰려 있는 지역은 공통점이 있었다. 무속인들은 유동 인구가 많고 돈이 몰리는 지역을 선호했다. 역사적으로 한이 서린 곳과 영험한 산과 가까운 지역도 밀집도가 높았다.

이곳들은 단순한 점집의 집합체가 아니다. 논현동은 '강남불패'라는 부동산 신화를 등에 업고 무당조차 고소득 직종이 된 곳이다. 여기서 활동하는 무당들은 점사 한 번에 10만~20만 원을 받고, 예약이 밀려 있으며, 연간 수익이 수억 원에 달한다. 유흥업소 직원과 정재계 인사, 사업가가 주요 고객이다. 반면 미아동은 한때 서울의 대표적인 무당촌이었지만 시대가 변하면서 쇠퇴하고 있다. 1970~1980년대 미아리 텍사스에서 흘러온 유흥업 종사자들이 점집의 단골이었으나 경찰 단속과 도시 정비로 인해 손님이 급감했다. 한때 800여 명에 달했던 미아동 무당들은 지금은 80명 남짓 남아 있다.

점집의 위치를 분석하는 것은 단순히 어디에 점집이 많다는 것을 확인하는 작업이 아니다. 그것은 한국 사회의 변화와 흐름을 읽는 과정이다. 부동산 시장의 변화가 무속에도 영향을 미치고 온라인 점술 서비스가 활성화되면서 점집의 운영 방식도 달라지고 있다. 이제는 무당들도 소셜 미디어를 활용해 광고하고 오프라인 점집을 운영하는 대신 온라인으로 상담을 진행하기도 한다. 우리 사회에 무당은 어떤 양식으로 존재하고 있을까. 어떤 지역에서 점집이 늘어나고, 어떤 지역에서 점집이 사라지는 이유는 무엇일까. 취재는 그 질문에서 시작됐다.

논현에는 무당집 표식,
백기와 적기가 없다

점집 주소는 데이터 분석 전문가에 의뢰해 네이버 지도 크롤링(검색 엔진 로봇을 이용한 자동 데이터 수집 방법) 방식으로 추출했다. '운세' '점집' 두 키워드로 검색했고 누락되거나 중복된 정보가 없는지 여러 차례 확인해 전체 데이터를 완성했다. 우리는 데이터 분석 결과를 바탕으로 논현, 은평, 신당, 미아, 홍대 주변을 2주 정도 돌아다니며 무당 20명을 인터뷰했다.

광역시도 기준으로는 경기도가 3526개로 가장 많았으며 서울(2870개), 부산(1321개), 대구(1019개) 순이었다. 지역별 인구를 감안하면 광주, 대구, 울산, 부산 등 지방 대도시에 점집이 많았으며 시군구 단위로는 수원특례시가 459개로 가장 많았다.

서울지하철 9호선 신논현역 3번 출구에서 먹자골목을 지나면 신축과 구옥이 섞인 빌라촌이 나온다. 술집과 메이크업숍이 즐비한 이곳엔 점집이 몰려 있지만 무당집을 상징하는 백기와 적기는 없다. 백기는 점을, 적기는 굿을, 둘 다 걸려 있으면 점과 굿을 모두 한다는 의미다. 깃발이 보이지 않는 이유는 무당이 자신을 드러내고 싶지 않거나 드러낼 필요가 없거나 건물주 허락을 받지 못했기 때문이다.

점집은 대부분 상가 2~4층이나 오피스텔에 자리 잡고 있어 일부러 찾지 않으면 쉽게 눈에 띄지 않았다. 점집 안에 들어갔을 때 가구가 특별히 고급스럽지는 않았다. 신당마다 다를 테지만 방문한 곳 중에는 담배 연기가 자욱하고 아직 무더위가 식지 않은 9월에 에어컨을 틀지 않아 실내 온도가 유독 높은 곳도 있었다. 그러나 이곳에 자리 잡은 무당이 스스로 고백한 한 해 수입은 보통의 직장인 그 이상이었다.

신내림 받은 지 약 4년, 논현동에서 신당을 운영한 건 3년째인 한 강신무(신내림을 받아 무업을 하는 무당. 무업을 대물림하는 무당은 세습무라고 한다)는 논현동에는 무속인이 유독 많다고 했다. 서울 강남구에서 자란 김 씨는 신병을 겪으며 신당 차릴 장소를 찾던 중 특별한 계획 없이 논현동을 선택했다. 신당을 찾던 중 지인과 인근을 지나다 '여기로 들어가야겠다'는 직감이 들어 우연히 방문한 곳에서 즉흥적으로 자리를 잡게 됐다. 부동산도 통하지 않았고 매물도 나와 있지 않았던 곳인데 관리인과 연결되면서 계약이 성사됐다. 방문 후 3일 만에 바로 계약을 결정할 정도였다. 무속인들에게 신당을 왜 하필 이곳으로 정했냐고 물어보면 "신이 점지해 줬다"라거나 "너무나 우연히 이곳에 자리 잡게 됐다"라고 답하는 이들이 눈에 띄었다.

무당 간판 5개가 모여 있는 꼬마 빌딩에서 만난 60대 무당은 한강 북쪽에는 여러 곳에 분산돼 무속 시장이 형성돼 있지만 남쪽에선 논현동이 거의 유일하다며 "나는 예약한 손님만 받고 무작정 찾아오면 돌려보낸다"라고 말했다. 얼마나 돈을 버는지 묻자 "1년에 1억 5000만 원 정도 수익을 내고 남는 시간에는 기도한다"라고 밝혔다.

이 무당에 따르면 논현동 및 강남 지역 고객은 비교적 경제적 여유가 있는 편이다. 생계 문제보다는 자식 문제로 무당을 찾는다. 본인 연간 수익을 1억 원에서 1억 5000만 원 수준이라 소개했는데 점사 비용은 15만 원 선으로 신내림굿이나 신내림을 막는 신눌림굿은 3000만~4000만 원에 이른다. 이 무당은 신에 대한 영화를 제작해 무속 신앙을 알리고 싶다는 포부도 밝혔다.

실제로 논현동에선 고수익을 내는 무당이 적지 않았다. 열흘에 손님 100명 정도 받는다는 또 다른 무당은 "경기 좋을 땐 두 달씩 예약이 밀렸고 지금은 한 달 정도 밀렸다. 모두 입소문으로 온다"라고 말했다. 그러면서 "간판은 광고물 제작하는 신도가 무료로 걸어준 거고 대전에서 운영하는 신당은 간판도 없다"라고 덧붙였다. 그는 우리에게 점사비로 10만 원을 불렀다. 무당의 말 대로라면 1년 수익이 수억 원에 달한다. 그는 의사, 변호사 안 부럽다고 했다.

이곳에 찾아오는 손님은 수준이 다르다고 했다. 정재계 인사부터 연예인까지 다양하다는 게 무당들 얘기다. 삶에 대한 고민이 많고 말벗이 필요한 2030 청년과 강남 유흥업소 여성 직원도 주요 고객이다. 유흥업소에서 일하는 여성 중 신기가 강한 경우가 많다는 게 무당들의 설명이다. 유명 인사들이 찾는다는 한 점집에선 강남 고객들은 금전적으로 여유가 있고 사주도 대체로 좋다며 점값으로 흥정하지 않아 부부가 점 보러 오면 군말 없이 20만 원을 낸다고 말했다.

하지만 땅값이 오르면서 무당집은 점점 자리를 내주고 있었다. 특히 낡은 건물을 부수고 신축하면 쫓겨나는 무당들이 적지 않았다. 논현동의 한 부동산 중개인은 점집을 내고 싶어 하는 무당이 두 명 있는데 세를 못 구하고 있다며 점집이 외관상 보기가 안 좋으니 세입자와 건물주 모두 싫어한다고 귀띔했다. 깃발을 달지 못하는 것도 이런 이유 때문이다. 또 다른 중개인은 유흥업소 종사자들이 줄어들고 직장인이 많아진 것도 점집이 줄어든 원인이라고 설명했다.

늙은 무당과 오지 않는 손님, 미아동의 쇠락

"길음동에선 '미아리 텍사스' 언니들이 많이 왔는데 지금은 손님 자체가 별로 없어."

45년 차 무당 백현옥(가명) 씨는 길음동이 재개발되면서 3년 전 미아사거리역 뒤편으로 옮겨왔다. 신도들이 근처에 살아 멀리 옮기지 않았고 지역 토박이라 멀리 가고 싶지도 않았다. 백 씨가 회상하기로, 2000년 전후 길음동 시절 주요 고객층은 텍사스 언니들이었다. 서울 종암경찰서 김강자 서장이 '윤락과의 전쟁'을 선포하면서 일대 윤락가가 위축됐고 윤락업계 종사자들이 떠나면서 손님도 급감했다. 무속업계의 흥망성쇠는 유흥업계 경기와 관련이 있었던 셈이다.

시장 골목의 허름한 건물 2층으로 신당을 옮긴 백 씨는 전화 점사도 하지 않는다. 한때 일본 공영방송 NHK가 백 씨의 이북굿(북한의 무속 의례를 계승한 굿)을 취재할 정도로 명성을 떨쳤지만 지금은 몸이 좋지 않아 개점휴업 상태다.

백 씨는 미아동 무당촌의 흥망성쇠를 보여 주는 상징적 인물이다. 그는 2000년대에 가장 장사가 잘됐지만 요새는 손님이 거의 없다며 "언론에서 무속을 미신으로 치부하고 무당 범죄 보도가 계속 나가면서 신뢰가 떨어졌다. 나처럼 진솔하게 상담해 주는 무당들만 피해를 본다"라고 말했다.

미아동 인근에는 예전부터 무당집이 많았다. 1956년 '단장의 미아리고개(6.25전쟁 직후 보릿고개를 그린 노래)'가 유행할 정도로 미아는 가난한 서민이 터를 잡은 한 많은 곳이었다. 무당들은 그 틈을 파고들었다. 하지만 오랫동안 점집을 지키던 무당들은 세월의 흐름을 이기지 못해 은퇴하고 있고 동네가 재개발되면서 자의 반 타의 반 떠나기도 했다. 무교 단체인 경천신명회에 따르면 현재 미아동 무당은 잘나가던 시절과 비교하면 10분의 1 수준으로 줄었다.

이곳에서도 점집은 환영받지 못한다. 미아동에서 점집 중개 전문가로 통하는 이선이 롯데부동산 이사는 "무당집이 들어서면 다음 세입자를 받기 힘들어 임대인들이 기피한다"라며 "임대인 몰래 점집을 차렸다가 쫓겨난 무당도 있다"라고 말했다. 그는 "월세가 150만 원이면 20만 원을 더 얹어 주는 조건으로 겨우 계약하는 경우도 있다"라고 전했다.

논현동과 미아동을 비교하면 무당 사이에서도 빈부격차가 크다. 경천신명회 강북 지역 관계자는 요즘에는 온라인으로 점을 많이 봐서 방문객은 예전에 비해 3분의 1도 안 된다며 성북구도 하월곡동과 장위동이 모두 개발되면서 무당들이 경기도나 지방으로 내려갔다고 전했다. 하월곡동에서 허름한 단층 건물에 점집을 차린 무당은 잘되는 무당들은 대부분 강남 오피스텔로 가버린다며 월세살이 하는 무당들은 계속 외곽으로 밀려날 수밖에 없다고 쓸쓸하게 말했다.

미아동 인근인 성북구 돈암동에는 무당촌 이외에 시각장애인 역술가가 모인 사주풀이 점성촌도 있다. 1980년대만 해도 역술원이 70여 곳이나 됐지만 지금은 고령화의 영향으로 폐업이 잇따라 20곳도 남지 않았다. 성북시각장애인복지관 강태봉 관장은 시각 장애인에 대한 정부 지원이 안마에 집중된 데다 역학은 진입 장벽이 높아 창업하려는 사람도 거의 없다며 쇠퇴 이유를 설명했다.

이곳 역술가를 만나 자세한 사정을 듣고 싶어 일일이 찾아다니며 십여 곳에 인터뷰 요청을 했지만 응하는 역술가는 없었다. 비어 있는 점집도 많았고 대체로 시큰둥했다. 다행히 강태봉 관장을 통해 이수남 역학사를 만나 50여 분간 미아리 점성촌의 역사를 자세히 들었다. 그는 시각 장애인으로 경을 읊는 법사이기도 하다. 무당이 굿을 통해 한이 서린 귀신들을 달래 인간이 원하는 바를 이루려는 행위라면 법사는 경으로 사람들을 괴롭히는 귀신을 주술로써 가두고 제압한다고 말했다. 이른바 '고스트 파이터'다.

이수남 법사는 1944년생으로, 세 살 무렵 천연두로 시력을 잃었다. 어린 시절 부모는 그의 생계를 고민하며 맹아 학교 대신 역학 공부를 권유했다. 9살부터 점술을 배우기 시작해 14살부터 영업을 시작, 27세 때 미아리 점성촌에 자리를 잡았다.

"옛날에는 남산, 청량리 시대 극장 근처, 서울 운동장 등에 점을 보는 노점이 많았어요. 그러다 정부에서 보기 안 좋다고 정리하면서 점술인들이 갈 곳이 없어졌죠. 그러다 보니 한 사람, 두 사람 여기(미아리)로 모이기 시작한 거예요. 1970년~1980년대에는 이곳이 유명해져서 외국 관광객도 많이 찾았어요."

미아리 점성촌이 전성기를 맞았던 1980년~2000년대, 하루 10~15명의 손님을 받는 것이 일반적이었다. 당시에는 점술인만 160여 명에 달했지만 지금은 20여 명도 채 남지 않았다. 법사 역시 고령화됐고 젊은 세대의 유입이 거의 없는 상태다. "요즘에는 역학 공부하려는 사람이 별로 없어요. 이건 학교가 있는 것도 아니고 선생님을 찾아가 직접 배워야 하거든요. 그런데 배우는 사람도 없고 가르칠 사람도 없는 거죠."

점술업을 둘러싼 환경도 변했다. 과거에는 입소문으로 손님이 찾아왔지만 이제는 유튜브, 점술 앱, 온라인 상담이 시장을 장악했다. 요즘 젊은 사람은 사주도 미리 검색해서 다 알아보고 온다. 예전에는 감으로 점을 봐도 됐지만 이제는 공부를 제대로 안 하면 손님에게 금방 들킨다.

점성촌이 쇠퇴한 이유에는 정부 지원이 시각 장애인의 역학보다 안마 같은 안정적인 직업에 집중된 것도 한몫한다. "옛날에는 먹고살기 힘들었기 때문에 배고픈 사람들이 점을 배웠어요. 하지만 요즘은 나라에서 밥은 굶지 않게 해 주니까 머리 아픈 공부보다는 차라리 안마 같은 걸 하려는 거죠."

그는 경문과 독경을 중심으로 법사 활동을 이어가고 있

다. 천수경을 하면 집안의 재앙을 막고 도액경은 한 해 동안의 사고를 예방한다. 천도경은 떠도는 귀신을 좋은 곳으로 보내는 기도다. 독경 비용은 의식 규모에 따라 다르지만 단순 기도는 50만 원에서 시작해 대규모 의식은 수백만 원까지 올라간다.

"예전에는 점을 보러 오는 손님이 하루에도 열 명 넘게 됐는데 요즘은 일주일에 서너 명 정도밖에 안 와요. 그래도 건강이 허락하는 한 계속할 겁니다. 내가 떠나면 이곳 점성촌은 더 빠르게 사라지겠죠."

미아리 점성촌은 과거의 영광을 잃었지만 아직도 몇몇 법사가 남아 자리를 지키고 있다. 하지만 이수남 법사는 "새로운 사람이 들어오지 않으면 결국 사라질 수밖에 없는 곳"이라고 했다.

정기 받는 은평, 지역 경제 살리는 무당

무당들이 점집을 정하는 중요한 기준은 '신발' 잘 받는 곳이다. 은평구 일대가 그런 곳이다. 북한산, 북악산, 백련산 등 영험한 산이 많고 무속인을 배척하는 분위기도 덜하다. 23세에 신내림을 받았다는 한 무당은 "신당 차리려고 터가 좋고 인근에 산이 있는 곳을 찾아다녔는데 은평구가 딱 맞았다. 무당골이 있었던 동네라서 나이 드신 임대인은 집을 신당으로 잘 내어 준다"라고 설명했다.

다만 무당이 늘 환영받는 건 아니다. 최근 국립공원 등 산에서 기도나 굿을 하는 행위에 대한 단속이 심해지면서 서울 내에서 기도터를 찾는 게 어려워졌다. 한번 기도 나가면 수일 머무르며 기도를 하는데 국립공원으로 지정되면 캠핑을 할 수 없어 굿당에 있는 기도터를 이용할 수밖에 없다. 하루 이용료는 한 사람당 3만 원 정도다. 이 무당은 "저희 신어머니 세대는 가방에 냄비랑 캠핑 도구 몇 개와 음식 챙겨 일주일 정도 기도하고 그랬는데 요즘엔 산에서 캠핑 단속을 너무 많이 한다"라고 토로했다.

단독주택을 선호하는 무당에게 은평은 현실적으로 접근 가능한 곳이다. 은평구에 신당을 차린 지 3년여 지난 천마장군은 무속업을 시작할 때부터 단독주택에서만 있었다. 할아버지(신령)가 '땅 밟는 곳에 앉아 있으라'고 했기 때문이라고 한다. 처음에 신내림 받고는 2층 상가에 있었을 때 이상하게 안 좋은 일이 많이 생겼다고. 그는 강남이나 분당, 한남동에서도 단독을 알아봤는데 현실적으로 거긴 단독주택 자체가 없고 있어도 몇십억씩 하니 자신들이 접근할 수 있는 수준은 아니라며 현실적으로 접근 가능한 지역이 은평이라고 설명했다.

전통 시장이 가까이 있는 것도 무당들이 은평구를 선호하는 이유다. 연신내역 근처에서 만난 무당은 무속인들은 떡, 나물, 과일이 아무리 비싸도 사야 한다며 떡도 6만~10만 원 단위로 구입하기 때문에 무당들이 인근 떡집을 먹여 살린다고 봐도 무방하다고 말했다. 은평구 일대에는 대조 시장과 연서 시장, 응암 시장 등 전통 시장이 있다.

전통 시장에서 무당들은 귀한 고객이다. 무속 의례는 단순히 종교 행위를 넘어 지역 경제에 영향을 미친다. 청량리 경동 시장 인근에서 10년 넘게 불교, 무속용품 가게를 운영하는 윤모 씨는 불교용품보다는 무속용품을 찾는 손님들이 훨씬 많다고 했다. 이 근방에만 만물상 간판을 달고 있는 업소가 7곳 정도이고 무당 100여 명이 활동 중이다. 10년 전 처음 장사를 시작했을 때만 해도 무당 400명 정도가 활동했는데 지금은 4분의 3으로 줄었다는 게 윤 씨의 설명이다. 윤 씨는 재개발로 인해 많은 무속인이 다른 지역으로 떠났거나 나이가 많아 은퇴하면서 이 일대 무속인 수가 줄었다고 했다.

무당들은 재래시장을 먹여 살리는 주요 고객이다. 무속업이 잘되면 떡집, 과일집, 고깃집, 만물상 등 적어도 다섯 개 업종은 같이 잘 돌아간다. 다만 요즘엔 경기가 안 좋고 무당도 많이 줄어 통돼지나 소갈비 같은 큰 제물 소비도 줄었고 만물상 역시 영향을 받고 있다. 그는 영가靈

駕들을 위해 마련하는 옷, 초, 향 같은 용품은 시장에서도 고가 품목이라 말하며 무속 의례는 단순히 종교적인 행위를 넘어 주변 시장 경제와 깊숙하게 연결돼 있다고 했다. 또 무당들이 이 지역에서 활발히 의례를 진행하면 전통 시장은 자연스럽게 활력을 얻는다며 무속인들은 신도와 함께 시장을 찾고 음식과 용품 등을 대량으로 구입하기 때문에 이들의 소비가 시장 전체를 움직이는 데 큰 역할을 한다고 말했다. 다만 과거보다 쏠쏠이가 줄었다. 윤 씨에 따르면 과거에는 무속인들이 의례를 하고 남은 음식을 그냥 버리는 경우가 많았지만 요즘에는 음식 대부분을 나눠 먹거나 최소한으로만 제물을 준비한다.

한편 신의 계시도 점집을 정하는 데 영향을 미친다고 한다. 우리가 만난 무당 3명은 신이 그곳에 가라고 해서 해당 지역에서 점집을 열었다고 밝혔다. 강북구 삼양동 인근에 살다가 1990년대에 중구 신당동으로 점집을 옮긴 이기영(가명) 씨는 신내림 받고 나서 자꾸 신당동으로 가고 싶었는데 신께서 이곳으로 가라고 귀띔해준 것이라고 말했다.

신내림 받고 타로집 차린 MZ 무당들

1980년대 초반부터 2010년대 초반 사이에 태어난 세대. 즉 MZ 세대가 많이 찾는 마포구 서교동(홍익대 근처) 일대에도 점집이 몰려 있다. 특히 청년층에 익숙한 '사주 타로' 가게가 많았는데 신내림을 받은 무당이 운영하는 곳도 있었다. 이곳의 특징은 행인도 쉽게 들어올 수 있도록 진입 장벽을 낮췄다는 점이다. 우리가 찾아간 한 사주 타로 카페에선 키오스크로 원하는 점술 방식까지 선택할 수 있도록 했다.

신내림을 받은 지 2년 됐다는 한 무당은 홍대에서 신점과 타로, 사주도 함께 보고 있다. 모시는 할아버지 신령님이 명리학(사주)도 다뤘던 분이라 자연스럽게 사주도 보고 있고 타로는 홍대라는 지역 특성상 젊은 층에게 어필할 수 있어 배우게 됐다고 한다.

이 무당은 타로를 찾는 손님은 대학생이나 20대 젊은 층이 많고 주로 연애나 궁합처럼 가벼운 고민으로 오는 편이라며 사주는 타로보다는 좀 더 연령대가 폭넓고 신점은 나이 상관없이 가장 다양한 층이 찾는다고 말했다. 이 가게에서는 신점도 '간단 신점'과 '심층 신점'으로 나눠 비용을 받는다. 간단 신점은 2만 원, 심층 신점은 5만 원이다. 그는 연초나 연말 같은 성수기에는 하루에 20명 이상도 찾지만 평소에는 하루 평균 10명 정도가 방문한다고 말했다.

6장

온라인을 타고
넘나드는 신령님

"음력 2001년 O월 O일 X시 X분 창원 황씨입니다. 올해가 원하는 대로 잘 지나갈 수 있을까요? 너무 스트레스 받아서요."(23세 여성)

"이분은 신가물이에요. 남들보다 늦게 자리를 잡는데 문제는 중간에 환란이 너무 많이 와. 돈의 환란, 인간의 환란, 가족의 환란. 정상적인 직장에 다닐 수 없는 사주야. 저한테 연락 주세요. 그냥 (유튜브에서) 이렇게 말할 사주가 아니에요."(J보살)

2024년 9월 25일 오후, 구독자 19만 5000명의 무속 유튜브 채널. 무속인 세 명이 나란히 카메라를 향해 앉아 실시간 채팅창에 올라오는 질문을 하나하나 읽으며 술술 답변을 내놨다. 이들은 음력 생년월일, 나이, 성별, 이름이나 성씨 등 단편적인 정보만 제공받고도 결혼, 이사, 이직, 재물 등에 대한 궁금증을 풀어 줬다.

예컨대 "1998년 11월 15일 호랑이띠 송 씨인데 연애운이 언제쯤 들어올까요?" 물으면 "연애운은 지금도 들어와 있고 결혼은 내후년쯤 들어옵니다"라고 답했다. "1990년 6월 2일 연 씨 남자인데 올해 안에 좋은 회사로 재취업 가능할지 궁금합니다"라는 질문에는 "좋은 소식은 올 거예요. 그렇지만 자리가 불안정해서 조상한테 많이 빌어야 하는 분이에요"라는 답이 돌아왔다. 대부분 이처럼 구체적이지 않은 영양가 없는 답이 많았다. 그런데도 1964년생부터 1999년생까지 세대를 막론하고 60여 명이 점사를 요청했다. 무속인 세 명은 비용을 받지 않았다. 그 대신 화면 위쪽에 이들의 연락처 세 개를 적어놓고 연신 "연락을 주시면 자세히 봐 드릴게요"라고 말했다.

카톡으로 무료 상담 해 드립니다

신점, 사주풀이, 타로 등 운세 산업이 2030 세대를 등에 업고 온라인에서 성행하고 있다. 서울 성북구 미아리 등 무당과 역술인이 모여 있던 전통적인 점성촌이 쇠퇴하는 사이, 점술 서비스는 온라인 공간으로 자리를 옮겼다.

유튜브나 틱톡 같은 동영상 플랫폼이 대표적이다. 라이브 방송은 무당들의 주요 콘텐츠다. 가벼운 질문을 받아 무료 점사를 봐주며 관심을 끈 뒤, 유료 점사로 손님을 끌어들이는 식이다.

유튜브 영상은 운세업의 주요 광고 수단이기도 하다. 성북구에서 점집을 운영하는 이모 씨는 지나가다 점집 간판을 보고 들어오는 손님은 드물고 대부분 유튜브 등에서 광고를 보고 전화로 먼저 연락한다고 설명했다. '무당 유튜브'가 워낙 많으니 영상 제작업체도 돈벌이가 된다. 네이버 지도에 점집과 연락처를 등록해 놨다는 60대 무당은 영상업체에서 유튜브 영상 찍으라고 하루에도 몇 번씩 전화가 온다고 말했다. 무속인들이 많이 찾는 성북구의 한 굿당에는 아예 '유튜브 제작, 방송 제작, 홍보' 문구가 적힌 영상 제작사 광고판이 붙어 있을 정도였다.

운세를 테마로 한 애플리케이션을 향한 관심도 커지고 있다. 스타트업 분석 업체 '혁신의숲(innoforest.co.kr)'에 따르면 운세앱 '점신'의 월간 고유 방문자MUV는 2022년 3월 52만 4000명에서 2024년 8월에는 112만 9000명으로 2배 이상 증가했다. 같은 기간 또 다른 운세앱 '포스텔러' 방문자 역시 28만 8000명에서 52만 1000명으로 2배 가까이 늘었다.

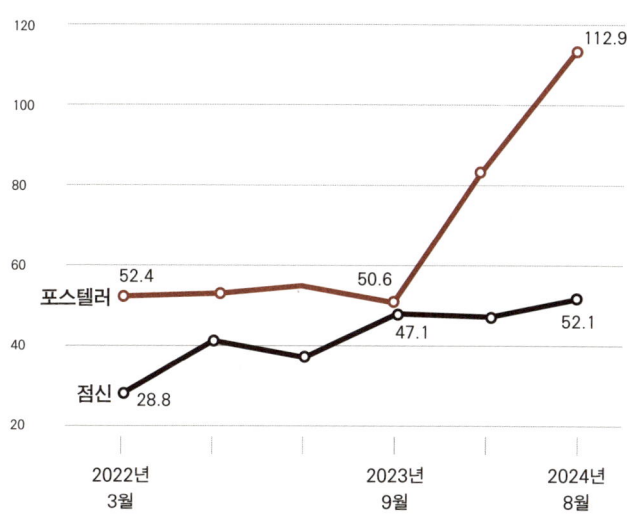

운세앱 점신, 포스텔러 방문자(MUV) 추이 (단위: 만 명)

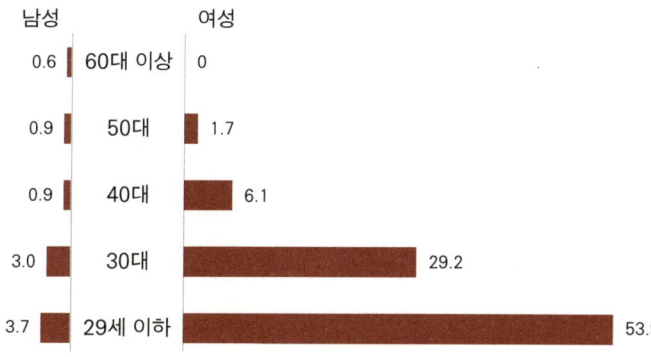

운세앱 포스텔러 소비자 연령대별 분석

(단위: %, 2024년 8월 기준)

스마트폰과 소셜 미디어의 확산으로 특히 젊은 층에서 운세앱 사용이 폭발적으로 증가하고 있다.

운세앱 인기의 1등 공신은 2030 세대다. 2024년 8월 기준 포스텔러 유료 서비스를 구매한 소비자의 절반 이상(53.9퍼센트)이 20대 여성이었고 30대 여성도 29.2퍼센트를 차지했다. 점신 역시 2030 여성이 전체 유료 서비스 구매자의 60퍼센트 이상으로 추정됐다. 포스텔러를 개발한 심경진 '운칠기삼' 공동 대표는 운세앱을 지속적으로 이용하는 고객은 미래에 대한 불안감과 기대감을 동시에 갖고 있는 젊은 층이라며 특히 "여성들이 '나에 대한 이야기'를 더 선호하는 것 같다. 글로벌 서비스를 해보니 다른 나라도 마찬가지"라고 설명했다.

카카오, 네이버와 같은 대형 플랫폼에서도 운세 서비스의 인기를 확인할 수 있다. 카카오톡에서 '신점'을 검색하면 오픈 채팅방 수백 개를 확인할 수 있다. 대부분 '무료 신점' '사주팔자' '연애 고민' '꿈 해몽'과 같은 제목과 해시태그를 달고 있었다. 유튜브, 틱톡과 마찬가지로 단체방에서 간단한 질문에 답을 해 주는 무료 상담으로 관심을 끈 뒤 1대1로 제공되는 유료 서비스로 유인하는 방식이었다. 유료 서비스의 경우 10분 2만 원, 15분 3만 원, 30분 5만 원 정도로 상담 시간에 따라 가격이 갈렸다. 오프라인 대면 상담으로 넘어가면 15만 원이라는 설명도 있었다.

무료 카톡방에서는 유튜브와 비슷하게 그다지 큰 영양가 없는 얘기가 오갔다. 이런 식이다.

문. 경력 단절로 지내다가 직장을 새로 구하려는데 전공을 살려 가야할지, 새로운 일을 도전해야 할지 몰라 여쭤봅니다.

답. 과거 전공에 만족스러웠던 것 같네요. 하지만 지금은 전공보다는 새로운 일에 도전해야 합니다. 전공을 살려 취업한다면 과거 나의 모습에 안주하는 것으로 보입니다. 뭐든 하면 잘할 것입니다. 도전하세요.

특히 직장 외에도 "지금 연인과 결혼까지 갈 수 있을지" "지금 마음에 드는 사람과 앞으로 삼 개월간 관계 흐름이 어떻게 될지" 등 가벼운 연애 관련 상담이 많았다. 무당들도 이를 적극 활용하고 있다. 계룡산에서 만난 30세 무당 김홍우 씨는 카카오톡 오픈 채팅방에서 점사를 봐주곤 한다. 카카오톡으로 신점을 봐주면 전화 혹은 영상 통화 상담으로 넘어간다는 것이다.

전문가 상담 서비스 '네이버 엑스퍼트'에는 2024년 9월 기준 운세, 타로, 작명 카테고리에 상품 1만 8055개, 전문가 4549명이 등록돼 있다. 심리 분야로 함께 분류된 심리 상담, MBTI 및 심리 검사, 미술 및 언어 치료에 등록된 상품과 전문가를 모두 더한 규모(상품 2432개, 전문가 927명)보다 훨씬 많았다. 운세가 포털 사이트의 핵심 콘텐츠로 자리 잡은 셈이다. 온라인 사주를 본 경험이 있다는 대학생 강모 씨는 "직접 점집에 가기도 귀찮고 용하다는 곳은 예약도 오래 기다려야 한다"라며 "직접 만나서 대화하면 까먹는데 전화 녹음이나 (사주 내용이 정리된) 문서는 평생 간직할 수도 있다"라고 했다.

문제는 점술업의 특성상 서비스 제공자의 전문성이나 신뢰성을 제대로 따져 볼 수 없다는 데 있다. 무속인조차 온라인 점술업에 부정적 반응을 보이기도 했다. 경기 부천시에서 점집을 운영하는 30대 무당은 "유튜브 등으로 진입 장벽이 낮아진 건 좋지만 자격증이 있는 것도 아니라서 질적으로 담보가 안 된다. 유튜브 영상 중 대본, 연출도 많지 않으냐"라고 말했다.

온라인 광고가 성행하면서 굿값 등이 올라가는 부작용도 있다. 서울 논현동의 50대 무당은 유튜브 광고 영상을 만드는 데 비용이 어마무시하다며 결국 점집에 오는 소비자한테 복채나 굿값을 더 올려 받는 수밖에 없다고 귀띔했다.

유튜브 점사,
연출 10퍼센트가 아니라 100퍼센트

"제가 모시는 신령님이 이런 영상을 싫어했어요. 다들 쉬쉬해도 끝까지 쫓았던 이유입니다."

8년 차 무당 A씨는 2024년 9월 19일 우리와 만나 이렇게 말했다. 그는 최근 수년 동안 우후죽순 늘어난 유튜브 점사 콘텐츠들의 비뚤어진 행태가 도를 넘었다고 성토했다. 점사 콘텐츠에서는 무당이 손님의 내밀한 사생활을 맞혀 신뢰를 얻은 뒤 각종 조언을 해 준다.

A씨는 우리에게 영상 속 손님들이 모두 가짜 사연을 가진 배우라고 폭로했다. 일부 무당이 영험함을 연기해 피해자들을 끌어모으고 있다는 것이다. A씨는 자신이 점사 콘텐츠 배우로 오랫동안 활동했기에 내부에서 벌어진 일을 정확히 알 수밖에 없다고 했다. 그는 이런 짜고 치는 영상들은 윤리적으로 큰 문제라며 이제는 멈춰야 할 때라고 강조했다.

유튜브 채널에 '무당' 키워드로 검색하면 점사 콘텐츠 수십 개가 나온다. '성노예' '성폭행' '돌연사' '빙의' 등 자극적인 섬네일로 포장돼 있다. 영상 속 내용은 무당이 신당을 찾은 손님을 상담하는 게 대부분이다. 무당은 손님 이름과 나이만 듣고도 개인사를 족집게처럼 맞힌 뒤 향후 나아갈 길을 제시해 준다. 손님에게 전과가 있음을 단번에 맞힌 뒤 호통을 치거나 내쫓는 영상도 있다.

시청자들은 "도령님 정말 영험하다." "예약할 수 있느냐." "속이 시원하다"라는 반응을 보였다. 일부 영상은 조회 수가 100만 회에 달할 정도로 관심을 끌었고 유명 연예인이 출연하는 영상도 적지 않았다.

A씨는 이런 유튜브 채널들이 배우를 섭외해 가짜 사연으로 영상을 촬영하고 있다고 했다. 그는 점사 콘텐츠 채널 중 규모(구독자 45만 명)가 가장 큰 B사에서 배우로 3년간 총 6편 출연했고 또 다른 채널에도 두 차례 모습을 드러냈다. A씨는 무당들이 유튜브로 광고한다는 소문을 들었는데 마침 B사에서 배우를 모집한다길래 호기심이 생겨 지원했다며 PD가 사전에 대본을 주는데도 영험한 것처럼 연기하고 영상을 올려 충격적이었다고 설명했다.

B사는 통상 섭외된 배우에게 '관련 내용을 누설하지 않겠다'는 각서를 쓰도록 했지만 A씨는 각서 없이 배우로 참여한 한 점사 콘텐츠의 대본과 카카오톡 대화 캡처본을 우리에게 제공했다. 해당 자료에 따르면 대본을 토대로 사전에 담당 PD가 배우들에게 "아빠는 알코올 중독에 가정 폭력, 오빠는 사고뭉치에 집안을 더 어렵게 만드는 존재, 그 모든 것을 홀로 감당해야 했던 엄마"와 같이 구체적인 내용을 알려 주고 이를 숙지하라고 지시하고 있었다.

"결혼하고 자식도 둘 낳았는데 직업이 건달이라 교도소를 제집처럼 드나든 남자로, 5년 전 절도, 영업 방해, 성희롱 등 지질한 범죄로 4년 살다 나왔고 인생의 희망을 찾고자 점을 보러 왔다가 무당과 난투극을 벌인다"라는 사례를 연기한 배우도 있었다. A씨는 일단 대본대로 진행하지만

PD가 '여기서 이렇게 말하라'며 하나하나 지시한다고 말했다.

실제로 A씨는 콘텐츠 촬영 당일 있었던 일을 녹취한 파일도 함께 제공했다. 녹취록에선 A씨가 촬영 장소인 신당에 도착하자 담당 PD가 "언제 어떻게 무슨 일이 일어났는지만 그냥 기억하시면 선생님(무당)이 거기에 대해서 이제 맞출 것"이라고 설명한다. 출연하는 주인공 무당 역시 대본 중 'A씨의 엄마는 사망했다'는 내용에 대해 "엄마가 무엇 때문에 돌아가신 걸로 하면 되느냐"라고 질문하자 PD는 "그냥 건강이 안 좋아져서 돌아가셨다고 하면 되지 않느냐"라며 "돌아가신 거는 어떻게 이유를 만들어도 상관없다"라고 말한다. A씨가 "제 나이는 몇 살로 하느냐"라고 묻자 PD는 "32살 정도로 하자. 생일 이런 것은 나가지 않는다"라고 강조한다.

촬영에서 핵심이 되는 부분을 짚어 주기도 한다. 일례로 PD는 "오늘, 해결법은 당연하고 선생님(무당)이 어떻게 조언을 잘해 주느냐가 카메라에 담겨야 한다"라며 "마음을 쓰는 모습이 중요하다"라고 다시 한번 강조한다. A씨의 사연 중 '사실 사연자는 신내림을 받았다'는 대본 내용을 두고 PD는 주인공 무당에게 "'단순하게 너 무당이지.' 이런 것보다는 의미심장하게 초반에 몇 마디 던지라"라며 "이 사람(A씨)의 마음을 중요하게 봐야 한다"라고 설명하기도 한다.

촬영이 시작된 뒤에도 PD의 디렉팅은 계속된다. 주인공 무당이 A씨에게 "신당을 방치해 놓은 거 같은데 뭐가 궁금해서 온 거냐"라는 대사를 하자 PD는 촬영을 잠시 멈춘 뒤 "자, 여기서는 기본적인 것들만 나온 상태여서 신당 얘기는 따로 제가 편집을 알아서 할 테니까 마음을 읽는 모습을 보여 주라. 오히려 '다 포기하게?' 이런 식으로 밀고 나가는 감정으로 가자"라고 말한다.

이후에도 3~5분에 한 번씩 PD는 촬영을 멈추고 "이제 여기서 '원인이 뭘까? 바로 엄마' 이 대사를 하라." "지금 여기서는 바로 대답하지 말고 기다려라." "사연자는 무당 선생님에게 이런 질문을 지금 물어보라." "대사를 조금 다르게 쳐 보자." "여기서 사연자가 신의 존재에 대해 물어봤으니 선생님께서 이에 대해 답해야 한다." 등 A씨와 주인공 무당에게 구체적인 연기 디렉팅과 대사 내용을 하나하나 지시하고 있었다. 사실상 즉흥 콩트와 다를 바가 없었다.

촬영을 마치고 2주 정도 지나 B사 채널에는 A씨가 우리에게 제공한 시나리오 및 녹취본과 정확히 일치하는 영상들이 차례로 업로드됐다. 그럼에도 연출된 장면이라는 설명은 없었다. A씨는 무당들이 B사에 출연하려고 3000만~1억 원을 내는 것으로 알고 있는데 영상을 보고 찾아온 손님들에게 굿을 하도록 유도하면 금방 회수할 수 있다며 가장 큰 유튜브 채널도 연출이 판을 치는데 다른 점사 콘텐츠들은 오죽하겠냐고 목소리를 높였다.

그런데도 B사 채널에는 오히려 "간혹 허위 사연 제작, 불법 촬영, 불법 녹취, 녹화 등 신당에서 무례한 행동을 일삼는 분들이 있다. 적발될 시 법적 책임을 묻고 있다"라는 영상이 올라오기도 했다. 우리는 A씨 제보 내용에 대한 B사 해명을 듣기 위해 수차례 연락했지만 답을 듣지 못했다. 오히려 우리의 취재 뒤에 A씨가 출연한 영상을 일괄적으로 삭제했고 어떠한 해명도 남기지 않았다.

온라인 점사 콘텐츠가 인기를 끌면서 조작된 콘텐츠를 사실로 믿고 무당을 찾았다가 피해를 입은 사람도 증가하고 있다. 유튜브 사용이 일상화되면서 피해자도 덩달아 늘고 있는 셈이다. 우리가 지난 10년간 무속 관련 범죄로 기소된 320건의 판결문을 분석한 결과, 10건 중 1건(9.6퍼센트)에서는 "피해자가 유튜브 혹은 소셜 미디어 등을 통해 피고인(무속인)을 접촉했다"라고 기재돼 있었다.

한 무속인은 자신이 출연한 콘텐츠를 보고 찾아온 피해자에게 "굿을 하지 않으면 결혼하기 힘들고 사업에 관재(관가로부터 받는 재앙)가 생겨 투자자들에게 고소당할 수 있다"라고 불안감을 조성해 1500만 원을 가로챘다. 이 무속인은 이후로도 "국회의원 공천을 받게 해 줄 테니 굿을 하라." "중국 쪽 사업을 방해하는 기운이 있으니 굿이 필요하다." "투자금을 받으려면 기도를 올려야 한다"라는 등 온갖 명목으로 149회에 걸쳐 17억 9193만 원을 받아 갔다. 해당 무속인은 2016년 8월 특정경제범죄가중처벌법상 사기 혐의 등으로 징역 2년을 선고받았다.

7장

수출되는 K샤머니즘, 증대되는 무속의 윤리

　무속은 한국의 토착 신앙이지만 무속인이 국내에만 있는 것은 아니다. 외국인이 한국에 와서 신내림을 받은 '푸른 눈의 무당'도 있고 미국으로 귀화해 활동하는 무당도 있다.

　우리는 해외에서 한국 무속이 어떻게 인식되는지 알아보기 위해 미국과 유럽에서 활동하는 무당들을 만났다. 그들은 해외에서도 기성 종교와 다른 믿음 체계에 대한 관심이 높아지고 있다고 전하면서 일부는 정신 의학을 접목해 치료 도구로서의 무속 행위를 연구하고 있다고 주장했다.

신내림이 바다를 건널 수 있을까

독일인 안드레아 칼프는 32세인 2006년, 중요무형문화재 제82-2호 보유자 만신 김금화(1931~2019)로부터 신내림을 받았다. 칼프는 오스트리아에서 열린 샤머니즘 콘퍼런스에 참석했다가 김 씨를 만났고 그로부터 "당신에게 무슨 일이 일어나고 있는지 알고 있다. '신병'을 앓고 있다. 한국에서 내림굿을 받아야 한다"라는 얘기를 들었다. 당시는 칼프가 암 진단을 받은 직후였다. 칼프는 독일로 돌아가 아무 일도 없었던 것처럼 예전의 삶을 계속하려 했지만 결국 한국으로 와서 신내림을 받았다. 칼프는 "인생 내내 스스로 다른 사람들과 다르다고 느꼈다. 미래를 예견하는 꿈을 꿨고 여러 건강 문제를 겪었기 때문"이라고 말했다. 그는 김 씨를 한국 샤머니즘의 세계로 인도해 준 어머니와 같은 존재로 여긴다.

칼프의 신내림은 다른 사람에게 영향을 줬다. 스위스인 헨드리케 랑에는 사물놀이를 통해 한국 문화를 처음 접했다. 랑에는 한국예술종합학교에서 사물놀이 석사 과정을 마쳤다. 자연스레 진도 씻김굿 등 무속 의식과 음악에도 관심을 갖게 됐지만 무속 신앙 자체에는 큰 관심이 없었다. 오히려 신비주의적이고 샤머니즘적인 관행을 탐구하는 것은 위험하다는 생각에 무속을 경계하기도 했다.

그러던 중 랑에는 라디오에서 한 독일 여성이 한국에서 신내림을 받았다는 얘기를 들었다. 칼프의 이야기였다. 랑에는 '언젠가 그가 필요할 것 같다'는 생각이 들어 그 이름을 적어 뒀다. 이후 랑에의 삶에 적지 않은 어려움이 찾아왔다. 인간관계가 틀어졌고, 세웠던 인생 계획은 잘 풀리지 않았다. 설상가상으로 2007년 가족을 자살로 잃게 되자 칼프를 찾아갔다. 칼프는 랑에에게 "당신은 한국에서 여러 번 태어났었던 사람"이라며 김 씨를 찾아가라고 조언했다. 김 씨는 랑에에게 당장 내림굿을 받아야 한다고 얘기하지는 않았다. 하지만 이후에도 스케이트를 타다가 다치는 등 자신에게도 부정적인 일이 잇따라 생기자 랑에는 김 씨를 찾아가 내림굿을 받았다.

채희아(결혼 전 박희아/미국 시민권 취득 후 미국 관습에 따라 남편 성으로 바꿈) 씨는 서울대 음대에서 국악을 전공한 뒤 1975년 미국으로 무용학 전공 대학원 유학을 떠났다. 당시 시대상을 감안하면 엘리트 음악인이었던 셈이다. 그랬던 채 씨는 유학 중 신병을 앓아 한국으로 귀국해 1981년 김씨로부터 신내림을 받았다. 채 씨는 "대학원 과정에서 샤머니즘을 공부할 때는 무당으로 입문할 생각이 없었지만 신령이 나를 선택했다. 김 씨를 만나기 전부터 이미 수차례 신병을 앓았다"라고 말했다.

채 씨는 신병을 한국 사회의 부조리와 연결해 해석하기

도 했다. 그는 신병은 영적인 몸이 영적 창의력에 굶주리기 때문에 발생한다고 믿는다며 자신처럼 1940년생 여성들은 억압적인 유교 사회에서 큰 고통을 받았다고 했다. 그러면서 무당은 모든 전통적인 규칙과 고정관념을 깨뜨린다며 "여성 무당이야말로 진정으로 해방된 첫 번째 여성"이라고 주장했다.

K샤머니즘이 전 세계를 상대로 장사하다

이들은 해외에서 무당으로서 어떤 활동을 하고 있을까. 독일과 하와이에서 활동하는 칼프는 유럽과 미국 문화에 맞게 무당 일을 하고 있다고 말했다. 그는 한국의 신령뿐만 아니라 유럽과 하와이 신들과도 연결될 수 있다고 주장하며 전 세계 고객들을 대상으로 점술 서비스를 제공한다. 그는 한국 무당이 사용하는 것과 비슷한 모습의 신당에서 일했다. 그곳에는 굿을 할 때 입는 한복과 방울, 작두와 같은 무구, 부적 등도 갖춰져 있었다. 칼프는 다만 북은 배운 방식대로 연주하며 한국의 전통적인 샤머니즘 음악을 연주하지는 않는다고 했다.

칼프는 하와이와 유럽에 있는 집에서 다양한 샤머니즘 활동에 적극적으로 참여하고 있다며 전 세계에서 특정한 제한 없이 다양한 사람이 자신을 찾아온다고 강조했다. 구체적으로 미래가 궁금한 사람들, 관계 문제를 겪는 사람들, 불임 문제를 겪는 여성, 정신 질환을 가진 사람들, 암 환자들이 본인을 찾는다고 했다. 그는 개인 홈페이지를 통해 누적 고객이 4만 6000명이 넘었다고 밝혔다.

칼프는 특히 현대 의학과 협업하고 있다는 점을 강조했다. 그는 오스트리아에 있는 정신 병원에서 중독 환자를 대상으로 샤머니즘 치료를 적용하는 과학 연구에 참여하고 있다며 샤머니즘과 기존 치료 방법을 병행했을 때 중독 치료에 미치는 효과를 탐구한다고 했다. 칼프는 2021년 신경외과 의사와 함께 영적 치료법을 제시하는 책(《샤먼 테라피》)을 쓰기도 했다. 그와 협업하는 일부 의사들은 '샤머니즘 기술이 스트레스를 줄이고 정서적 웰빙을 향상하는 방법'에 관심이 많다고 한다.

세계보건기구WHO가 전통 및 보완 의학을 세계 보건 시스템에 통합하는 일의 중요성을 인정하고 있다는 점을 강조하기도 했다. 그는 샤머니즘은 종종 가장 오래된 형태의 의학 중 하나라며 심리적, 정서적 장애를 치료하기 위해 전 세계 다양한 문화에서 사용됐다고 주장했다. 샤머니즘을 전통 및 보완 의학의 한 종류로 보고 있는 것이다. 하지만 칼프의 주장을 있는 그대로 받아들이기는 어렵다. 일단 WHO가 전통 및 보완 의학에 관심을 갖고 있는 것은 맞다. 2019년 공식 발간된 〈전통 및 보완 의학 글로벌 리포트〉에서 WHO는 "전통 및 보완 의학은 중요하지만 종종 과소평가되는 건강 자원으로 특히 생활 습관 관련 만성 질환의 예방과 관리, 그리고 고령 인구의 건강 요구 충족에 다양한 적용 가능성을 갖고 있다"라고 평가했다. 이와 관련해 "이상적인 세계에서는 전통 의학이 치료 중심 서비스와 예방 중심 돌봄이 균형을 이루는, 잘 작동하는 사람 중심 보건 시스템에서 제공되는 하나의 선택지가 될 것"이라고 덧붙이기도 했다.

그러나 샤머니즘이 WHO가 언급하는 전통 및 보완 의학에 포함된다고 보기는 어렵다. WHO가 정의한 전통 의학은 서로 다른 문화에서 건강 유지와 신체적, 정신적 질병의 예방, 진단 등에 사용되는 지식, 믿음, 경험의 총합이다. 보완 의학이란 전통 의학이 아니면서 주류 보건 시스템에도 들어가지 않는 방식을 말한다. WHO가 이 보고서에서 한국의 전통 및 보완 의학 사례로 구체적으로 언급한 것은 '한의학'이었다. 보고서는 의료법에 따른 한의사 규제, 정부 산하 한국한의학연구원의 존재, 한의사가 되기 위한 교육 과정 등을 설명했다. 무당이나 샤머니즘은 전혀 언급되지 않았다.

스위스 무당 랑에는 스위스에서 심리 운동 치료사로 일하며 한국 사물놀이 교육과 공연을 병행하고 있다. 가족과 지인들을 위해 의식을 행하거나 상담 서비스를 제공하는 등 무당 일도 계속한다. 그의 집에는 신당 두 개가 있는데 하나는 한국적인 반면, 다른 하나는 스스로의 직감에 따라 만들었다고 했다. 그는 한국 무당이 하듯이 점사를 봐주지는 않는다면서도 누군가와 상담할 때 영적 메시지를 받는 경우가 있는데 그때는 그 메시지를 전해준다고 주장했다. 또 징, 방울, 부채 등을 활용한다고 말했다.

채 씨는 한국 무당에 뿌리를 둔 글로벌 샤먼을 자처하며 공연 위주로 활동을 해 왔다. 채 씨는 신내림 이후 뉴욕 등 미국 전역과 독일 등에서 샤머니즘 의식과 관련된 무용 공연을 했고 대학에서 샤머니즘과 한국 전통 음악을 가르치기도 했다. 채 씨가 무용수로 공연을 할 때면 사람들이 그를 '트랜스(무아지경) 댄서'라고 부르곤 했다. 춤을 출 때면 채 씨의 의식이 변한 듯한 모습이 관객들 눈에도 보였기 때문이다. 그는 1988년 독일 다하우에서 열린 국제 심포지엄에서의 공연을 이렇게 서술했다.

"의식 무용이 시작되기 직전에 저는 전에 겪어본 적 없는 설명할 수 없는 다리 경련을 경험했습니다. 일어서지 못할 정도였습니다. 모두가 매우 실망했습니다. 사회자가 저에게 '5분만 공연할 수 있겠습니까?'라고 물었을 때 저는 '예'라고 대답했습니다. 하지만 어떻게 할지 전혀 알지 못했습니다. 저는 전통적인 의식 무용을 포기하고 대신 참가자들의 필요에 따라 영들이 저를 움직이도록 내버려 두었습니다. (중략) 저는 뱀처럼 느리게 움직이며 마치 보이지 않는 힘에 의해 들어 올려진 것처럼 춤을 추었습니다. 그 춤은 강력한 불꽃처럼 역동적인 에너지를 불러일으켰고 삶과 죽음 사이의 시간을 초월한 다리가 되었습니다. 이는 예상치 못한 강력한 공연 중 하나였으며 제 몸 상태가 좋을 때보다도 더 강력했습니다."

다만 그는 한국 무당들처럼 고객을 상대로 점을 치거나 굿을 하지는 않는다고 밝혔다. 그 대신 치유의 측면에서 고객들을 만난다고 했다. 채 씨는 "배우, 예술가, 의사, 환자, 기업인, 의사 등이 전통적인 의사에게서 원하는 결과를 얻지 못했을 때 영적 치유 차원에서 찾아온다"라고 말했다.

해외에서 무속은 어떻게 받아들여질까. 인식의 차이가 크지만 대체로 부정적 인식이 크다는 게 이들의 설명이다. 칼프는 어떤 사람들은 무속을 신앙으로 보지만 어떤 사람들은 단순 공연으로 본다며 "고객 대부분은 아무에게도 알리지 않고 나를 찾아온다. 무속에 대한 주변 사람들의 인식이 호의적이지 않기 때문"이라고 말했다. 또 "샤머니즘을 실천하지 않는 사람들은 그것을 미신이나 유사 과학으로 여길 수 있다"라고 인정했다. 채 씨는 점점 더 많은 사람이 제도화된 종교보다는 순수한 영성을 찾고 있다면서도 샤머니즘에 열광적인 사람도 있지만 회의적인 사람도 매우 많다고 전했다.

8장

진짜와 가짜가
어디 있나

　진짜 무당은 존재할까. 이 물음에 답을 찾기 위해서는 먼저 짚고 넘어가야 할 지점이 있다. '진짜 무당'이 무엇이냐는 것이다. 흔히 무당을 접신하는 존재, 그래서 길흉화복을 신의 입을 통해 얼마나 잘 예견할 수 있는지 기능적 측면에서 접근한다. 신을 자신의 몸에 잘 태우고, 영검하고, 악귀를 잘 물리치는 그런 존재를 진짜 무당으로 여기는 것 같다.

　문제는 이런 접근을 통해 진짜 무당을 가려내기란 쉽지 않다는 점이다. 무당의 접신 행위 자체가 비과학적이고 비이성적 영역이기에 애초에 판단할 수가 없다. 실제로 무당과 역술가는 많이 틀린다. 취재 도중 원한 적 없음에도 우리의 신점을 봐주고 우리나라 대통령의 사주를 봐 줬던 무속인이 있다. 현 시점에서 볼 때 그들의 예언은 틀렸다. 2024년 말까지 우리에게 '이직수'가 들어올 거라 했지만 한 해가 지나도 이직 제안을 받지 못했고 2024년 삼재가 끝나 2025년 대운이 풀린다던 윤석열 대통령은 결국 탄핵당했다. 이렇게 예언한 무당, 역술가가 누군지 밝힐 수 없지만 각자의 자리에서 꽤 인정받는 이들이다.

우리는 애초에 진짜 무당, 가짜 무당이라는 구별 자체가 무용하다고 생각한다. 무당 스스로 자신을 기도하는 존재라 규정했듯 여기서 답을 찾아야 한다. 무당을 자신의 직업적 소명으로 여기고, 신도들의 더 나은 삶을 위해 기도하고, 복을 비는 행위에 집중하자는 것이다. 무속 신앙은 교리가 없고 자유로워 전통 신앙으로 여겨지기보다 미신으로 치부돼 왔다. 그러면서도 우리는 운명이 있다고 믿으며 무속에 의지하고 무당의 말에 솔깃해한다. 이에 일부 무당은 물질적, 정신적 이득을 위해 사람의 심리를 악용하여 지배하고 착취한다. 쉽게 드러나지도 않는 이런 무속 범죄가 만연한 상황에서 무속인을 직업인으로서 본다면 다른 직업과 마찬가지로 무속인에게도 소명 의식과 성실함, 도덕성이 요구된다.

우리는 만신 정순덕, 김규리, 김연옥 씨를 만나 '무당의 길'에 대해 물었다. 정순덕 씨는 민주화 운동 과정에서 숨진 이들의 진혼굿(넋을 달래는 굿)을 이끈 '민중 무당'으로 활동했고 기독교와 천주교에서 강연을 부탁할 정도로 기성 종교계에서도 인정받고 있다. 김규리, 김연옥 씨는 한국무속학회장을 지낸 양종승 샤머니즘박물관장이 모범적인 무속인으로 추천했다.

결국 살아 있는 사람을 위해

1967년 충남 서산 출생인 정순덕 씨는 여덟 살 때 신내림을 받았다. 15세 때 '나라 만신' 김금화 선생의 눈에 띄어 본격적으로 무당 학습을 받았다. 김금화의 수제자가 된다는 건 무녀로서 탄탄대로를 걷는 걸 의미했다. 정 씨는 그러나 20세에 민중 무당의 길을 택했다.

정 씨는 1987년 이한열 열사 진혼굿, 1988년 박종철 열사 1주기 진혼굿을 통해 두 사람의 넋을 위로했다. 광주 5.18 민주화운동 희생자들의 저승길도 닦았다. 전국을 다니며 민주화운동 열사들의 진혼굿을 열었다. 서슬 퍼런 총칼보다 억울하게 떠난 영혼들이 눈에 밟혔기 때문이다. 정 씨는 32세 때 제주 4.3 희생자 진혼굿을 마지막으로 민중 무당의 삶을 내려놨다. 그는 자신을 찾아오는 단골을 돌보라는 신령님 뜻을 받아들였다고 주장했다.

풍파도 많았다. 절대적 스승인 김금화와의 결별은 인간 정순덕을 흔들었다. 전두환 정권 시절 민중 무당으로 활동한다는 건 쉬운 일이 아니었다. 정 씨는 여러 진혼굿에서 "갈아보세, 갈아보세, 5공 청산 갈아보세" 같은 금기어를 내뱉었고 공안 경찰을 피해 강원도로 피신하기도 했다. 20대 무녀에게 이데올로기가 중요할 리 없기에 그는 혼이 실리는 대로 말했다. 뒤에서 정 씨를 험담하는 동료들이 생겨났고, 결국 여러 오해가 쌓이면서 그는 23세에 홀로 섰다.

"신어머니(김금화)는 최고 무당이었고 함께 다니면 대우를 받았지만 어머니 품에서 벗어나니 저는 아무것도 아니었어요. 무당은 술집 여자만도 못한 천한 직업이란 걸 깨달았지요."

정 씨는 생을 끝내려고도 했지만 자신을 걱정하며 새까맣게 변해 버린 가족의 얼굴을 보자 이건 할 짓이 아니라고 느꼈다. 정 씨는 신령님께 무릎 꿇고 다시는 이런 실수를 하지 않겠다, 최선을 다해 무녀의 길을 가겠다고 다짐했다.

올바른 무당이라면 고통받는 이들의 나침반 역할을 해야 한다는 게 정 씨의 생각이다. "무당은 하늘에서 선택받았기에 사람들의 고통과 고민을 해결하려는 책임감이 있어야 합니다." 그러면서 수행의 중요성을 강조했다. 수행이 충분하면 신이 무서워서라도 나쁜 짓을 할 수가 없다고 했다. 신은 무정하고 배려와 용서가 없는 존재이기 때문이라면서 말이다.

정 씨는 최근 돈 때문에 무분별하게 신내림을 내리는 풍토도 걱정했다. "신도를 불리면 큰돈을 벌 수 있기에 신내림 받는 무당들이 많아졌어요. 이들이 가짜 무당은 아니더라도 수행하지 않는 게 문제입니다. 기도만 꼬박 3년을 해야 신령님이 옵니다. 신내림은 그저 입문일 뿐입니다. 일주일 기도했다고 그분이 오나요? 절대 안 됩니다."

정 씨는 미디어에 소개되는 무속 콘텐츠가 귀신 퇴치나 심령주의(오컬트)에 쏠려 있는 걸 안타까워했다. 전통 신앙으로서 굿의 본질은 인간의 행복이고 감동인데 이 부분이 간과되고 있다는 것이다. 많은 사람이 무속을 떠올릴 때 감동과 행복이 먼저 떠올랐으면 좋겠다는 게 정 씨의 소망이다.

"진혼굿을 할 때 무녀는 혼백을 실어 소중한 사람들과 마지막 이별을 합니다. 산 사람은 남은 삶을 살아낼 힘이 생기고 망자는 가벼운 발걸음으로 떠나는 것이지요. 이런 아름다움은 굿에만 있습니다."

무당의 윤리, 전통의 계승자

김규리 씨는 무당이 되는 게 싫었다. 초등학교 5학년 때부터 원인 모를 두통이 찾아오고 자신도 모르게 공수를 하는 등 무병에 시달렸다고 한다. 하지만 김씨는 운명을 거부했다. 김 씨 부모도 지역에서 이름난 부잣집 딸이 무당이 된다는 걸 용납할 수 없었다. 아무리 무당 이미지가 친숙해졌다지만 무당은 무당이었다.

김 씨는 그 대신에 국악에 몰입했다. 무당으로 풀어야 할 신명을 국악으로 해소하고자 했다. 어렸을 적 유명 사물놀이패와 인연을 쌓은 게 시작이었다. 타악(꽹과리) 전공으로 중학교 3학년 땐 국회의장상, 고등학교 3학년 때 대통령상을 받았다. 실력을 인정받아 한국예술종합학교 전통예술원에 진학해 전문사(석사)를 땄고 국가무형문화재인 동해안별신굿도 전수받았다.

문제는 세습무로서 굿을 연기해야 하는데 자신에게 자꾸 신이 들어왔다고 주장한다. 결혼 후 아이에게 청각 장애가 발견되자 김 씨는 결국 운명을 받아들이기로 했다. 2018년 신내림을 받은 뒤 신기하게도 아이의 장애 증상이 점차 나아졌다고 한다. 그래서 아픈 아이를 둔 부모들이 김 씨를 자주 찾아온다고. 내 아이의 병도 나아지길 바라는 마음 때문이다. 김씨는 인간적인 무당이 되고 싶다고 했다.

"무당의 윤리가 뭐냐고요? 보통 사람들과 똑같죠. 사회 구성원으로서 더불어 살아갈 수 있어야지요. 무당에겐 미래가 보이잖아요. 기후 위기가 심각하고 자연은 점점 아파하기에 쓰레기 하나라도 더 줍고 물도 절약해야 해요. 우리 아이들이 30~40년 뒤에 안전하게 살아갈 수 있도록 고민해야 합니다."

김연옥 씨는 11세 때 아버지의 죽음을 전후로 무병 증세가 나타났다고 한다. 결혼 후 우울증이 심해졌고 무릎 통증과 아들의 질병까지 겹치면서 결국 무당의 길에 들어섰다. 그도 명함 못 주는 직업이 싫어서 처음에는 무당이 되길 완강히 거부했다. 다른 종교도 믿어 봤고 운명을 피하려고 한복집도 운영했지만 손님에게 점을 봐주는 모습만 확인했다.

무당이 되자 온전한 삶이 없어졌다. 손님이 찾아오면 점을 보고 그렇지 않을 때는 기도하면서 굿 준비에 대부분의 시간을 썼다. 가족과는 외식 한번 제대로 못했다. 그는 국가무형문화재인 서울새남굿 공부에 특히 매진했다. 굿 상차림은 물론이고 사소한 춤동작과 장구 장단까지 하나하나 배우고 익혔다. 그는 무교 단체 경천신명회의 이성재 회장(서울새남굿보존회 회장)을 신아버지로 두고 있으며 서울새남굿 제104호 전수자다.

양종승 관장은 김 씨를 두고 굿에 진심인 무녀로 평가했다. 남한산성은 유네스코 지정 세계문화유산으로 등재됐지만 관련 무형 유산 계승자가 거의 없는 상황에서 김 씨가 자발적으로 나섰기 때문이다. 그는 남한산성 도당굿(공동체 안녕과 번영을 기원하는 행사) 보존회를 설립, 하남시를 대표해 도당굿을 주재하고 있다. 김 씨가 자기 돈을 써가면서 도당굿을 주재하는 이유는 뭘까.

"전통을 계승하는 무당이 많이 줄었잖아요. 사라져가는 우리 굿의 맥을 잇고 싶어요. 무당들이 돈만 좇는다고 욕 많이 먹지 않습니까. 그런 인식도 바꾸고 싶어요."

3부

무속 길들이기

9장

무속을 잘못 키운 건
우리 모두

'무속 무巫'자는 하늘과 땅을 잇는 존재를 의미한다. 쉽게 말해 무당은 신과 인간 사이에서 가교 역할을 하며 신을 내 몸에 받는 접신을 특징으로 한다는 것이다. 이는 동양에만 존재하는 건 아니며 서양에서는 샤먼이라는 존재가 있었으며 모두 원시 종교 형태를 띠었다. 무속 신앙의 효험은 정신 의학이 해결할 수 없는 지점에서 극대화한다. 예를 들어 사망한 사람의 넋을 위로하는 진혼굿이 주는 위로는 정신 의학 영역에선 해결할 수 없는 지점이다. 심하게 다툰 뒤 불의의 사고로 사망한 엄마와 무당을 통해 만나 화해한다는 건 과학의 영역에서는 불가능한 일이다. 그러나 우리는 그런 장면을 사실로 믿어 버리고 이를 통해 안식과 위안을 얻는다.

불안을 먹고 자라는 무속

이런 마음의 위로 덕분에 오늘날에도 한국의 샤머니즘인 무속 신앙은 그 존재감이 줄어들지 않았다. 영화 〈파묘〉가 흥행하고 예능 프로그램에서 단골 소재로 자리매김하면서 부정적 인식이 크게 줄었다. '미신' '호환마마' 등으로 치부되던 과거와 비교하면 확연히 달라진 셈이다. 특히 젊은 세대는 마치 스낵 컬처(간편한 소비)처럼 신점을 보러 무당에게 간다. 일각에선 기독교나 천주교, 불교처럼 하나의 어엿한 종교로 인정해야 한다는 목소리까지 나온다.

무속은 한국에서 가장 오래된 형태의 종교다. 문자 기록이 없던 선사 시대에서는 샤머니즘이 주류 종교였다. 그러나 기성 종교가 우리 사회에 자리 잡으면서 그 역할이 교회나 사찰로 옮겨갔다. 현대 사회에서는 기성 종교의 영향력이 줄어들면서 무속이 다시 본래 기능을 되찾고 있는 추세다.

종교 전문가들도 무속의 확산 배경으로 무無종교인의 증가를 우선 꼽는다. 무속이 기성 종교를 완벽히 대체하는 건 아니지만 생활 속 종교로 유행하고 있다는 것이다. 통계도 이런 상황을 잘 보여 준다. 목회데이터연구소의 '2023 한국인 종교 현황'에 따르면, '무종교'인은 2004년부터 2023년까지 20년간 43.0퍼센트에서 62.9퍼센트로 19.9퍼센트포인트 증가했다. 2023년 기준 19~29세의 85퍼센트, 30대의 81퍼센트가 무종교인일 정도로 젊은 세대에서 기성 종교의 영향력은 현저히 줄었다.

성해영 서울대 종교학과 교수도 우리와의 인터뷰에서 무속 신앙 확산 배경으로 기성 종교의 약화를 먼저 꼽았다. 성 교수는 "기성 종교의 경우 위로와 치유 기능은 명상과 현대 의학으로, 규범과 윤리는 법과 제도로 대체되면서 역할이 축소되고 있다"라며 "기성 종교가 강하면 무속은 그 안에 녹아들지만 기성 종교의 영향이 약해지면 우리 삶에 녹아든 무속의 본모습이 드러날 수밖에 없다"라고 설명했다.

성 교수는 무속 신앙을 비롯한 종교를 (1) 직관적 체험 (2) 지성적 해석 (3) 윤리적 영역으로 구분해 설명한다. 무속 신앙의 경우 점을 친다는 것은 직관적 체험의 영역에 속하는데 무속인의 접신도 이 영역에 포함된다. 무당은 접신 상태에서 다른 차원의 존재로부터 메시지를 받아오는데 이러한 직관적 체험이 무속의 전부가 되면 부작용이 뒤따른다고 설명한다. '원수를 사랑하라' 같은 윤리적 메시지가 없다면 타인을 지배하고 공격하는 수단으로 쓸 가능성을 배제할 수 없어 불완전할 수밖에 없기 때문이다. 성 교수는 종교에 대한 지적인 해석과 윤리적 기준이 더해져야만 사회적으로 건강한 종교로 인정받을 수 있다고 강조한다.

우리 사회에 불확실성이 커진 점도 무속의 매력을 부각했다. 어쩌면 인류사에 있어 지금은 불확실성이 가장 큰 시기일 수 있다. 인공 지능AI이 일자리를 대체하고 경기 둔화로 취업, 승진, 사업이 어려워지면서 사람들은 당장 내일 일조차 예측하기 어려워졌다. 진학, 취직, 승진, 사업 등 선택에 따른 책임을 개인이 오롯이 감당해야 하는 사회에서 사람들을 점복을 통해 위로를 받고 있다. 무속이 불확실한 내일을 안내하는 길라잡이 역할을 하고 있는 것이다.

점치는 현상을 사회학적으로 분석해 온 점복문화연구소 염은영 소장은 점을 치는 행위(점복)가 우리 사회에 똬리를 튼 이유는 불안 혹은 불확실성이 증대된 사회와 관련이 있다고 말했다. 현대 사회는 평생 직장의 개념이 사라지고 개인이 모든 책임을 지는 구조로 바뀌면서 불안이 커졌으며 사람들이 점을 통해 답을 얻으려는 경향이 더욱 커졌다는 것이다. 승자 독식 사회에서는 누구나 패자가 될 수 있다는 불안감을 지울 수 없다. 이런 불확실성과 개인주의가 맞물리면서 점복 행위가 하나의 시장으로 자리 잡은 것이다.

염 소장은 "점치는 현상은 개인적인 심리 행위가 아니라 사회적 커뮤니케이션이며 사회적 현상으로 이해해야 한다"라고 강조했다. 특히 점을 보는 것은 인간이 근본적으로 알 수 없는 미래에 대한 겸손한 태도의 발현이며 이는 지위나 학력과 상관없이 모든 인간이 공유하는 보편적 감정이라는 것이다.

이에 염 소장은 무당, 역술인, 타로이스트 등 '점복인'을 모두 같은 집단으로 묶어 분석할 필요가 있다고 주장했다. 이들이 사회적 인정을 받기 위해 다양한 방식으로 제도화, 양성화를 시도하고 있다. 역술인은 대학 과정으로 진입하고 무당은 종교적 집단으로 나아가는 등 점복의 사회적 전형화가 이루어지고 있기 때문이다.

교리에 얽매이지 않고 1대1 맞춤형 소통이 가능하다는 점도 점집을 찾는 이유로 꼽힌다. 무속 신앙에는 다양한 신들이 존재하고 기성 종교처럼 교리와 규범이 없어 탈권위적이다. 김동규 서강대 K종교학술확산연구소 연구 교수는 "MZ세대가 무당에 관심을 갖는 이유는 기성 종교와 달리 진리가 독점되지 않는 자유로움 때문"이라며 "무속을 일종의 설명 체계로 보고 이상한 일들에 대해 해석하는데 그 나름대로 설득력이 있어서 고통이 해소되는 경우가 있다"라고 분석했다.

무속이 각종 매체를 통해 안방까지 파고들 정도로 친숙해지면서 어두운 면도 함께 드러나고 있다. 신도를 대상으로 한 사기, 폭행, 성범죄 등이 이어지고 있고 가스라이팅 피해자도 늘어나고 있다. 성 교수는 "무당의 점사는 맞을 수도 있고 틀릴 수도 있지만 적어도 신도들에게 윤리적 얘기를 해줘야 한다"라며 "비상식적인 요구를 하는 무속인은 경계해야 한다"라고 말했다.

우리는 속고 싶어 한다

무속은 기본적으로 연약한 인간의 심리를 파고 든다. 우리는 무엇이든 믿고 싶어 한다. 무속인 범죄에서 가장 두드러지게 나타나는 가스라이팅은 피해자를 심리적으로 지배하는 행위다. 이는 단순한 심리전이 아니라 강압적인 방법으로 이루어지며 피해자가 오히려 죄책감을 느끼게 만든다는 점에서 더욱 악랄하고 심각한 범죄에 속한다. 임명호 단국대 심리학과 교수는 가스라이팅을 세 가지 유형으로 분류할 수 있다고 설명했다. 첫 번째는 '난폭한 가스라이팅'으로, 주로 직장 상사나 배우자 등이 강압적인 태도로 상대를 지배하는 방식이다. 두 번째는 '매력적인 가스라이팅'이다. 이는 연인 관계에서 읍소하거나 관심을 유도하며 상대를 심리적으로 통제하려는 시도로 나타난다. 마지막으로 '선량한 가스라이팅'은 종교적인 환경에서 자주 나타난다. 친밀하고 다정한 태도로 접근해 피해자를 조종하려는 방식이다. 이처럼 가스라이팅은 매우 다양한 형태로 발생할 수 있으며 살인이나 폭력 사건의 배경에 자리 잡고 있을 때가 적지 않다.

사람들이 무속에 빠지는 이유 역시 이와 비슷한 심리적 맥락에서 이해할 수 있다. 언뜻 보기에 텔레비전이나 주변 사례를 보며 '어떻게 저런 일에 속을 수 있을까?'라고 생각하게 되지만 실제로 그 상황에 처한 사람의 입장은 다르다. 무속을 찾는 피해자는 대부분 심리적으로 매우 취약한 상태에 놓여 있다. 자존감이 낮거나 반복된 실패를 겪은 이들이 많으며 삶의 방향을 잃은 채 불안감에 휩싸여 있다. 특히 트라우마나 상실을 겪은 경우, 지푸라기라도 잡고 싶은 심정이 강하게 작용한다. 결국 무속인들이 특별한 능력을 가진 것이 아니라 피해자들이 처한 심리적 조건이 그들을 쉽게 속도록 만든다. 무속 사기는 무속인의 기술이 아니라 취약한 피해자의 심리 상태에서 비롯된다고 볼 수 있다.

심리학적으로 무속 신앙은 어떻게 정의될까? 정신건강의학과와 마찬가지로 심리학에서도 무속 신앙에서 말하는 빙의나 접신, 신내림 개념을 주로 사기적인 요소로 해석한다. 귀신이 사람 몸에 들어오는 현상인 빙의는 허구에 가깝다. 무속인들이 이를 일반적인 현상인 것처럼 말하는 것은 사실상 허위 정보이며 사기일 가능성이 높다. 특히 장기간 지속되는 빙의 현상은 실제로 존재하지 않는다고 봐야 한다. 만약 빙의 증상이 1년 이상 지속된다면 이는 '해리성 정체성 장애(다중 인격 장애)'로 진단되는 것이 옳다. 무속인들의 기법이 나날이 정교해지고 있는 것은 사실이나 더 근본적인 문제는 사회적으로 불안한 피해자들이 계속해서 증가하고 있다는 점이다. 취업난, 결혼과 주거 문제 등 다양한 사회 구조적 요인들이 개인의 심리적 취약성을 키우고 있다.

그저 재미라는 말은 위험하다

그렇다면 무속인의 가스라이팅에서 벗어나기 위해서는 어떻게 해야 할까? 많은 피해자가 공통적으로 낮은 자존감과 높은 의존성, 수동적인 성향을 가지고 있다. 이런 내면을 극복하기 위해서는 자존감을 높이고 독립적인 성향을 키우는 노력이 필요하다. 무엇보다 중요한 것은 문제를 혼자 끌어안지 않는 것이다. 가해자들은 언제나 피해자를 사회적으로 고립하려 한다. 이 때문에 가족이나 친구 등 객관적인 시선을 가진 사람들과 소통하고 자신의 상황을 공유하려는 자세가 필요하다. 내가 경험한 일이 정상적인지, 위험한 방향으로 가고 있는 건 아닌지를 타인의 시선을 통해 확인하는 과정이 필요하다. 피해자가 사회적으로 고립되지 않도록 도와주는 것이 무엇보다 중요하다.

물론 무속 신앙이 언제나 해롭기만 한 것은 아니다. 무속이 주는 심리적인 안정감이 개인에게 긍정적인 영향을 미칠 수도 있다. 무속에서 전하는 긍정적인 말들은 때로 '자기 충족적 예언 효과'를 불러일으킨다. 예컨대 "당신은 따뜻한 사람입니다"라는 말을 들은 사람이 실제로 따뜻한 사람이 되기 위해 노력하게 되거나 "곧 운이 트입니다"라는 말을 들은 사람이 희망을 품고 긍정적인 태도를 가지게 되는 것이다. 하지만 이러한 요소들을 과학적 사실처럼 받아들여서는 안 된다. 무속의 조언이 개인의 중대한 의사결정을 좌우하는 수준까지 이르면 오히려 부작용이 발생할 수 있다.

인터뷰

K샤머니즘 전문 이스라엘 교수,
"한국은 교인도 점보는 나라"

"한국에선 모든 종교가 공존할 수 있어요. 심지어 과학적인 사고방식을 유지하면서도 '무속'을 즐길 수 있죠."

이스라엘 텔아비브대 동아시아학과장 리오라 사파티 교수는 2024년 8월에 진행된 인터뷰에서 한국에서 무속이 성행하는 이유에 대해 이렇게 분석했다. 특히 종교에 매우 엄격한 이스라엘과 비교하며 "한국에서는 종교인이 무당을 찾아가는 걸 문제 삼지 않는 게 인상적"이라고 말했다.

사파티 교수는 24년간 한국 무속을 연구했고 2021년 《현대 한국 샤머니즘-제례에서 디지털로 Contemporary Korean Shamanism: from ritual to digital》라는 책을 출간했다. 현재도 인류학 저널에 한국 무속 관련 글을 기고하는 등 K샤머니즘에 대한 연구 활동을 계속하고 있다.

사파티 교수는 한국의 눈부신 경제 발전이 무속에 대한 인식을 바꾸어 놓았다고 말했다. 과거에는 무속이 전근대성의 상징이었지만 지금은 무당을 찾아간다고 한국이 과거로 돌아가지 않는다는 믿음이 형성됐다는 것이다. 그러면서 영화, 드라마 등 미디어의 역할도 있었다고 강조했다.

한국 무속을 연구하게 된 계기가 궁금하다.
"사실 처음에는 한국에 대해 잘 몰랐다. 당시만 해도 이스라엘에서 한국은 잘 알려지지 않았고 K팝도 유명하지 않았다. 반면 불교와 일본에 관심이 많았다. 학부에서 선불교와 일본어를 공부했고 대학원에서 인류학을 전공했다. 그런데 석사 과정에서 공부하던 중 한 세미나에서 한국 무당의 치유와 공연, 전통에 대한 글을 읽었다. 굿 영상도 보게 됐다. 정말 마음에 들었다. 전공을 바꿔 미국에서 박사 과정을 하면서 한국어와 한국 문화, 역사를 공부했다. 한국에 관심이 생겨서 그 가운데 샤머니즘을 연구한 것이 아니다. 한국 샤머니즘이 나를 한국으로 이끈 것이다."

처음에는 일본 불교에 관심이 있었던 것인가.
"슈겐도修驗道(신도와 불교가 결합된 일본의 고대 산악 신앙)에 관심이 있었다. 처음에는 일본에서 그것을 공부하려고 했다. 차이가 있다면 내가 공부할 때 일본의 종교는 점점 쇠퇴하고 있었던 반면 한국의 샤머니즘은 오히려 성장하고 있다고 느꼈다."

한국 샤머니즘이 지금 대중화되고 있다고 생각하나.
"젊은 사람들과 미디어에서 무속에 대한 인식이 커지고 있기는 하다. 하지만 이를 '주류'라고 말하기는 어렵다. 샤머니즘은 절대 주류가 될 수 없다. 한국 사회가 그것을 받아들일 것이라고 생각하지 않는다. 예를 들어 내가 한국 여성이라고 가정할 때 내 자녀에게 문제가 생기면 무당을 찾아갈 수는 있을 것 같다. 하지만 내 아들이 무당과 결혼하는 걸 원할까? 그렇지는 않을 것이다. 샤머니즘이 있는 다른 나라에서도 마찬가지다. 다만 무당을 찾아가는 것이 좀 더 일상이 되고 있는 것은 맞다."

영화〈파묘〉등 무속이 나오는 콘텐츠가 인기를 끌었는데.
"미디어에서 무당을 다루는 방식이 확실히 변하고 있다. 1977년 김기영 감독의〈이어도〉에서는 무당이 매우 부정적으로 묘사된다. 사람들은 섬을 관광지로 만들고 싶어 하지만 무당은 신들이 화를 내고 있다며 반대한다. 현대화를 막으면서 사람들이 항상 그 상태로 머물기를 바란다. 사람을 죽이기도 하는 악당이다. 반면〈파묘〉에서 무당은 무섭게 묘사되지만 다른 사람을 돕는 역할이다.
50년 전 새마을 운동을 전개할 때는 무당이 항상 나쁘다고

만 말했다. 그들이 손님을 도와주지는 않고 돈만 가져간다고 했다. 하지만 지금은 조금 달라졌다. 〈파묘〉에서의 무당처럼 돈을 받아 가지만 또 도와주기도 한다고 생각한다.

무당이 등장하는 드라마도 달라졌다. 10년 전에도 무당이 등장하는 드라마가 있었지만 그건 주로 집에 있는 주부를 대상으로 하는 아침 드라마였다. 반면 지금은 넷플릭스에서 볼 수 있는 모든 연령의 드라마에도 무당이 등장한다. 드라마 〈더 글로리〉에도 무당 캐릭터가 등장하지 않나. 무당이 등장하는 드라마의 시청자 자체가 다르다."

미디어가 무속에 대한 인식을 바꿨다고 보나.

"원인인 동시에 인식 변화의 산물이다. 미디어가 무당을 등장시키지 않으면 사람들이 관심을 덜 가질 것이다. 반대로 사람들이 무속에 관심이 없다면 미디어에서 무당을 다루지도 않을 거다. 사람들 인식이 바뀌면서 무속이 미디어에 점점 더 많이 등장하고 다시 인식에 영향을 미치는 것이다. 내가 기억에 무당이 전면에 나서 성공적이었던 첫 사례는 2009년 코미디 영화 〈청담보살〉이었다. 이후 미디어에서 무속을 다루기 시작했다. 과거에는 금기였지만 지금은 금기가 아니다."

**사람들이 무속을 어떻게 인식한다고 생각하나.
종교? 혹은 재미?**

"무당을 자주 찾는 단골에게는 매우 종교적인 무언가라고 생각한다. 그것을 종교라고 부를 수 있을지는 정의의 문제니 '믿음' 차원에서 얘기해 보자. 고객은 그저 자신이 원하는 대로 하고 있다. 어떤 고객은 믿지 않고 어떤 고객은 믿는다. 어떤 고객은 정말 중요한 의뢰를 하기도 한다. 나 스스로도 영혼을 느껴본 적 없고 아예 다른 문화에서 왔다. 많은 한국인도 그저 재미로 사진을 찍고 음악을 들으면서 굿을 구경한다. 하지만 그러면서도 의식을 본 뒤 나쁜 꿈을 꿨다고 말한다. 이처럼 믿음이란 것은 매우 복잡한 개념이다."

많은 사람이 재미로 무당을 찾아가는 것 같다.

"그렇다. 혹시나 하는 마음에 재미로 가는 사람도 많다. 반대로 말하면 사람들이 무당을 찾아가면 나쁜 일이 생길까 봐 두려워하지 않는다는 뜻이다. 아마 50년 전에는 사람들이 무당을 찾아가면 문제가 더 악화될까 봐 두려워했을 것이다. 반면 지금 젊은 세대는 훨씬 더 가벼운 마음으로, 예전보다 덜 진지하게 무속을 대하는 것 같다. 이는 오히려 무당에게 도움이 된다. 반대로 무당을 무서워하는 사람들은 큰 문제가 있을 때만 무당을 찾는다. 병원에 다녀보고 여러 약을 복용했는데도 병이 낫지 않으면 무당을 찾아가는 식이다."

한국에서 왜 무속이 성행한다고 보나.

"한국은 종교에 있어 다원주의적 특성이 강하고 개방적이다. 이스라엘에선 종교를 100퍼센트 믿어야 한다고 말한다. 90퍼센트만 믿는다는 건 있을 수 없다. 한국의 기독교인도 100퍼센트 믿어야 한다고 생각한다. 이런 종교는 저의 고향, 즉 중동, 그리스, 이스라엘에서 온 종교들이다. 그들은 매우 독실하고 일신교적이다. 하나의 신만 믿어야 한다. 반면 한국에선 절에 가서 부처님께 기도한 뒤 곧바로 무당을 찾아가도 괜찮다. 기독교인 중에도 무당을 찾는 사람이 있다. 여러 믿음이 서로 싸우지 않고 공존할 수 있다. 물론 한국이 완전히 다원주의적인 나라는 아니다. 전반적으로 다원주의적이지 않지만 종교나 믿음에 관해서 매우 개방적이다. 어디에서나 그런 것은 아니다. 미얀마에서는 불교도와 무슬림 사이에서 큰 정쟁이 벌어지고 있다."

그럼 다원주의가 한국에서 샤머니즘이 널리 퍼진
이유 중 하나라고 생각하나.

"복잡한 문제다. 50년 전에도 다원주의적이었다. 그때는 병원도 없었고, 지식도, 교육도 부족했다. 그때 사람들이 무당에게 가는 이유는 무당이 항상 답을 주기 때문이었다. 조선 시대에 아픈데 서울로 갈 돈이 없으면 무당에게 가서 도움을 받는 거다. 이것이 전 세계적으로 무당들이 왜 존재하는지, 왜 종교 지도자가 있는지에 대한 이유인 것 같다.

그러나 한국이 근대화하기 시작했을 때 사람들이 '무당들이 문제를 일으켰고 그들 때문에 우리가 근대화되지 못한 것'이라고 생각했다고 한다. 영화 〈이어도〉처럼 무당은 근대화에 반대하는 존재였다. 그래서 사람들이 이 모든 것을 좋지 못하게 생각했던 시기가 있었다. 그런데 1980년대에 들어서 '우리 전통이고 우리 유산'이라고 말하는 사람들이 생겼다. 그래서 정부도 인간 문화재 제도를 시작했다. 그래서 1980년대, 1990년대 영화를 보면 무당이 예술로서 그려지기도 한다. 그들은 무속을 예술로서 좋아하기 시작했다."

경제 성장과 무속이 관련이 있나.

"경제적으로 어려웠던 시절에는 우리가 무속 같은 전통을 계속 믿으면 나라가 퇴보할 것이라는 인식이 있었다. 그때는 전통과 과학, 무당과 병원 중 하나를 선택해야 했다. 사람들이 우리가 과학적이라면 무속은 불가능하다고 생각했다. 왜냐하면 그때는 너무 어려운 시간을 겪었으니까 아주 진지했다.

하지만 이제는 그렇지 않다. 지금 젊은 세대도 물론 어려움을 겪고 있지만 내일 먹을 것이 없을까 봐 두려워하지는 않는다. 나라는 경제적으로 성공했고 글로벌 선도 기업이 있다. 오히려 대기업도 가끔 새 건물에 들어설 때 무당을 불러서 의식을 진행하기도 한다. 무속을 믿는다고 한국이 과거로 돌아갈 것이라고 걱정하는 사람은 없다. '이제 힘을 갖고 있으니 당신은 원하는 것을 믿어도 된다, 더 이상 상관 없다'고 생각하는 것 같다. 이제는 모든 것이 공존할 수 있다."

무속의 미래는 어떻게 될 것 같나.
"20년 전에 제게 물어봤다면 끝났다고 말했을 것이다. 하지만 그렇지 않다. 지금은 사람들이 답을 찾고 싶어 하고 답을 얻는 것에 만족하고 있다."

사람들이 무당을 왜 찾아가는 것 같나.
"이스라엘과 미국에서는 젊은 사람들이 심리학자를 많이 찾아간다. 불안하거나 우울한 사람들이 그들과 대화하며 도움을 받는다. 한국은 아직 그런 문화가 자리 잡지 못했다. 부모나 친구에게 얘기하는 데도 한계가 있다. 경쟁이 치열해서 자신의 문제를 드러내고 싶어 하지 않는다. 사람들이 무당을 찾는 이유다. 어느 무당은 '한국인이 모두 심리학자를 찾아가면 우리 일거리가 줄어들 것'이라고 말하기도 한다. 무당을 찾는 것은 신을 믿느냐의 문제가 아니라 신뢰하는 사람에게 비밀을 털어놓고 싶은 행위에 가깝다.
내 지도 교수가 1970년대 마을에 대한 연구를 했다. 당시에는 마을 문화가 남아 있어서 모든 사람이 서로의 문제를 알고 있었다고 한다. 남편이 술을 마시면, 돈이 없으면, 아들이 도박을 하면 모두가 아는 것이다. 그때는 누가 굿을 할 때 모두가 와서 참관했다. 그때는 비밀이 거의 없었으니까. 하지만 이제는 굿을 할 때 비밀이 드러나니까 고객은 혼자 온다. 예전처럼 온 마을의 파티처럼 굿을 하지 않는다. 내 문제를 해결하고 싶고 아무도 내 문제를 알지 않았으면 좋겠다는 마음으로 오는 것이다.

이런 신뢰의 문제는 흥미롭다. 그게 무속의 미래를 말해 줄지도 모른다. 사기꾼 무당에 대한 나쁜 얘기가 많이 나온다면 무속이 쇠퇴할 수도 있겠지만 대부분이 그렇지 않은 이야기라면 신뢰는 계속될 것이다."

다른 나라도 샤머니즘을 많이 믿나.

"시베리아, 카자흐스탄, 몽골 등에 샤머니즘이 많이 퍼져 있다. 멕시코, 과테말라, 페루에도 샤먼이 있다. 하지만 한국처럼 특별하고 독립적인 문화로 자리 잡은 곳은 없다."

10장

믿음을
관리하기

"무속을 너무 상업화하고 있어요."

무속인 김단월(가명) 씨는 자신을 광고하지 않는다며 이렇게 말했다. 유튜브도 하지 않고 방송사에서 섭외 요청이 들어와도 단호히 거절한다. 유명해지면 부귀영화는 누릴 수 있겠지만 신령님께 기도할 시간이 사라지고 불쌍하고 절실한 사람들과 만나는 날도 줄어들기 때문이라고 했다. 3년 전 신내림을 받은 김 씨는 자신을 내려놓고 신도들을 위해 기도하는 데 매진한다고 했다. 그러면서 그들이 자신에게 의지해 마음의 평화를 찾고 잘사는 모습을 볼 때 가장 행복하다고 말했다.

김 씨는 2024년 8월 23일 우리와 가진 인터뷰에서 여러 차례 돈만 좇는 무당들 탓에 무속 이미지가 실추됐다며 안타까워했다. 돈 버는 게 우선순위가 되다 보니 굿을 하고 치성(정성 들여 기도하는 행위)을 드릴 때 절차와 예법이 설 자리를 잃었고 무분별한 신내림으로 무속 세계가 혼란스러워졌다는 것이다. 특히 손님을 부를 능력은 없는데 먹고살 길을 찾다 보니 유튜브 조작 방송 등 악순환에 빠지고 있다고 진단했다.

"이 세계가 그렇게 나쁘진 않아요. 무당은 남이 갖지 못한 능력이 있는 거잖아요. 다만 능력을 좋은 쪽으로 썼으면 좋겠어요. 신도들의 절실함을 느끼고 치성을 다하면 무속 신앙이나 무교인의 지위도 저절로 올라가지 않을까요."

무당이 보는 무당
-무당 129명 설문 조사

무당 10명 가운데 7명은 무속인에 대한 사회적 인식이 부정적이라고 생각하고 있었다. 무속 신앙을 종교로 인정하지 않고 미신으로 치부하는 탓에 그런 인식이 확산됐다고 믿었다. 우리는 2024년 8월부터 두 달 동안 무당 129명을 상대로 설문 조사를 진행했다. 무당들을 직접 찾아다니며 조사에 응해줄 것을 부탁했고 무교 단체인 대한경신

사회적 인식은 어떻다고 생각하는가 (단위: 명, %)

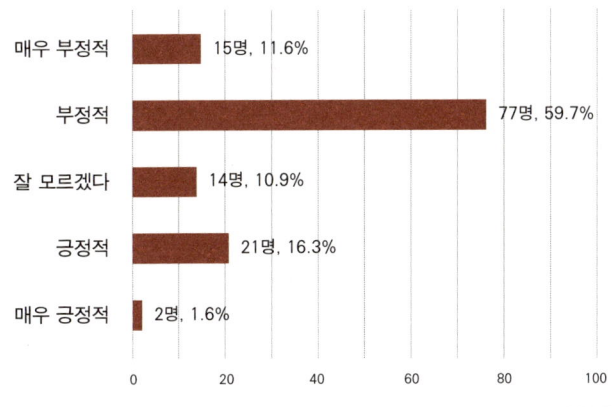

대중매체에서도 무속이 자주 등장하는 시대이지만 여전히 무속인은 자신이 사회에서 부정적으로 인식된다고 생각한다.

연합회의 도움도 받았다.

설문에 참여한 무당의 평균 나이는 54.7세로, 활동 지역은 서울(42.6퍼센트)과 경기(20.2퍼센트)가 가장 많았다. 학력은 고졸 및 중퇴가 절반 가까이(48.0퍼센트) 됐고 대졸 및 중퇴(21.0퍼센트)가 뒤를 이었다. 무당이 되기 전 종교는 불교(41.9퍼센트)가 가장 많았으며 종교 없음(24.8퍼센트), 기독교(14퍼센트), 천주교(13.2퍼센트) 순이었다. 모시고 있는 신으로는 조상신, 천신, 장군신, 산신 등이 많았다.

응답자 10명 중 6명(59.7퍼센트)은 사람들이 무당을 '부정적'으로 인식하는 것 같다고 답했고, 특히 11.6퍼센트는 '매우 부정적'이라고 답했다. 그 이유로는 △무속을 미신으로 여기는 종교적 편견(78.3퍼센트) △미디어의 부정적 묘사(28.3퍼센트) △무교인 관련 사기 및 성범죄(21.7퍼센트) △전문성에 대한 의심(18.5퍼센트) 등이 꼽혔다. (중복 답변 허용) 반면 사람들이 무당을 '긍정적'으로 생각하는 것 같다고 답한 무당은 17.9퍼센트에 그쳤다. △종교적 다양성 인정(42.3퍼센트) △정신적 치유와 상담(34.6퍼센트) △사회, 문화, 역사적 가치 인정(23.1퍼센트)을 이유로 들었다.

무속은 역사적으로 오랜 기간 핍박을 받았으며 특히 일제강점기에는 차별과 억압이 극에 달했다. 일본에서는 당시 한국의 전통 신앙을 미신으로 규정하고 근대화와 합리주의를 내세워 이를 탄압했다. 조성제 무천문화연구소장은 "무속이라는 용어 자체가 조선의 원시적 습속을 폄하하려는 의도로 일제강점기 일본 학자들에 의해 만들어졌다. 이 같은 왜곡된 시각이 무속 신앙을 부정적으로 바라보는 데 큰 영향을 미쳤다"라고 설명했다.

무속인 스스로 부정적 인식을 키운 측면도 있다. 충남 계룡산에서 만난 21년 차 무당은 "사람들이 무속을 낮게 보는 건 결국 무당들 탓이다. 좋은 무당도 많지만 나쁜 무당들이 도드라지면서 전체 이미지를 망치고 있다"라고 말했다.

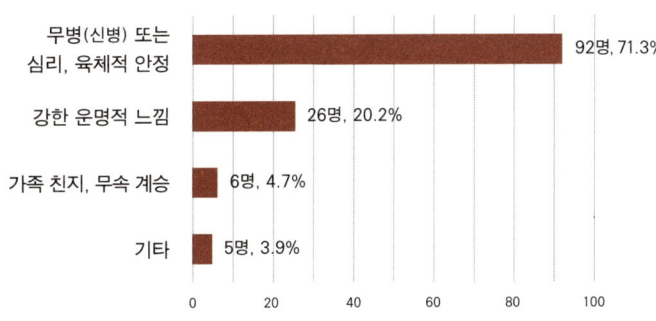

무속인은 자신을 무속의 세계로 이끈 결정적 동기로 자신이 앓은 신병을 꼽았다. 다만 신병은 정신 의학적 측면에서 설명 가능하다.

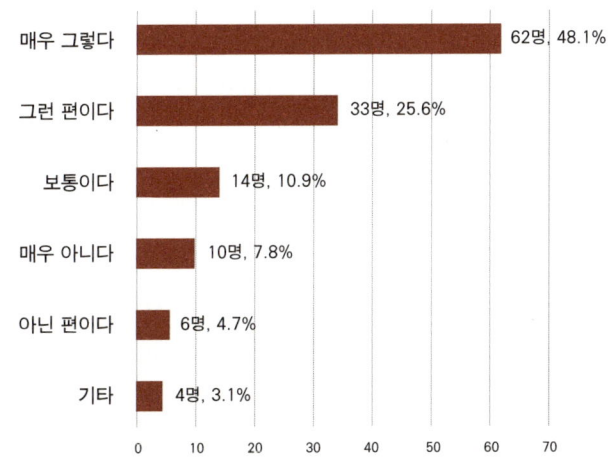

많은 무속인이 무속인이 되지 않으려 노력했다고 답했다. 어쩔 수 없이 받아들였기에 무속인은 스스로 운명을 택했다고 여긴다.

저도 무당이 되고 싶지 않았어요

무속인에 대한 부정적 인식 탓에 응답자의 73.7퍼센트는 처음에는 무당이 되기를 거부했다. 그러나 무병(71.3퍼센트)을 겪으면서 어쩔 수 없이 무당의 길을 선택했다고 한다. 무병의 증상은 다양했는데 신체적 통증이 53.5퍼센트로 가장 많았고, 정신 질환(32.6퍼센트), 이상 행동(23.3퍼센트), 감정 문제(21.7퍼센트)가 뒤를 이었다. 무교인이 되기 전 정신의학과 진료를 받은 경우도 31.0퍼센트로 조사됐다. 병명은 우울증이 65.0퍼센트로 가장 많았고, 급성 스트레스 장애(42.5퍼센트)와 양극성 장애(15퍼센트)도 적지 않았다.

서울 인왕산 기도터에서 만난 8년 차 무당은 7년간 우울증을 앓아 정신 병원까지 입원하고 3년간 잠도 못 자고 음식도 못 먹었는데 신내림을 받은 후 토하는 증상과 근육통이 사라졌다며 이제는 햄버거 세트를 먹을 만큼 몸이 회복했고 마음도 편안해졌다고 말했다. 이 무당처럼 무교인이 된 뒤에 행복하다고 답한 이들은 74.4퍼센트로 조사됐다.

교육 못 받아 학원 가는 무당들

신내림을 받고 무당이 됐지만 정작 신부모에게 적절한 교육을 받았다는 이들은 드물었다. 절반 정도(46.5퍼센트)는 '신부모로부터 충분한 교육을 받지 못했다'고 답했고 '충분히 교육받았다'는 응답자는 30.2퍼센트에 그쳤다. 제대로 배운 게 없다 보니 무당 10명 중 3명 정도(27.1퍼센트)는 무속 학원을 다니기도 했다. 경기 안산에 있는 화령암 무속 학원의 변경숙 원장은 "개인적으로 신내림 받고

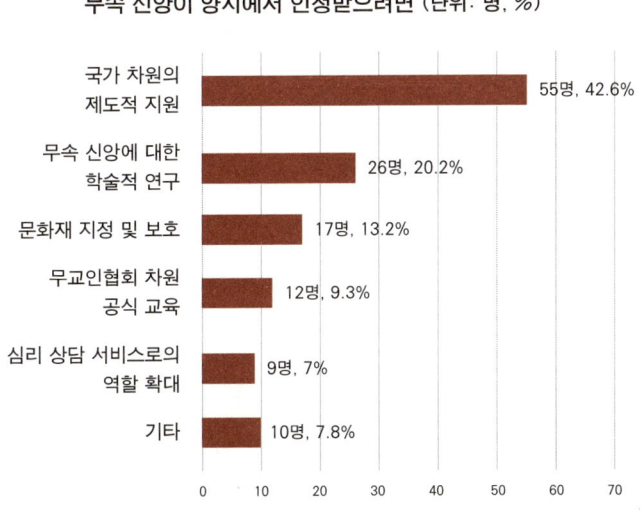

무속이 양지에서 인정받으려면 무엇이 필요하다고 생각하느냐는 질문에 많은 무속인이 국가 차원의 제도적 지원이 무속 신앙의 부정적 인식을 해소하는 데 필요하다고 보았다.

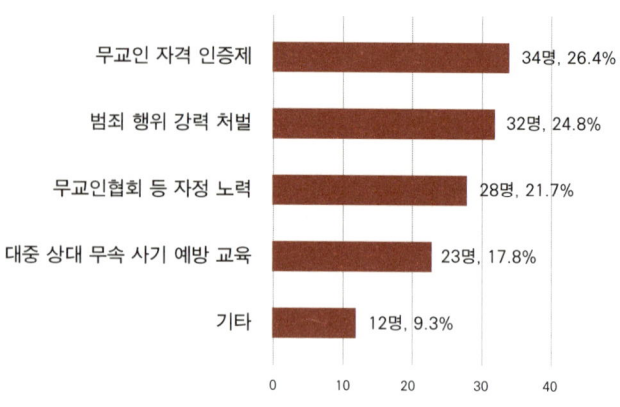

무속인 범죄 막으려면 무엇이 필요한가 (단위: 명, %)

- 무교인 자격 인증제: 34명, 26.4%
- 범죄 행위 강력 처벌: 32명, 24.8%
- 무교인협회 등 자정 노력: 28명, 21.7%
- 대중 상대 무속 사기 예방 교육: 23명, 17.8%
- 기타: 12명, 9.3%

무속인이 저지르는 범죄를 막기 위해 무엇이 필요하다고 생각하느냐는 질문에 많은 무속인이 범죄 행위를 강력하게 처벌하는 것과 더불어 무교인에 대한 자격 인증제가 필요하다고 봤다.

1년 반 뒤 신부모와 결별하면서 이끌어줄 사람이 없었다"라며 "내가 마음고생이 심했기 때문에 비슷한 처지에 놓인 제자들을 돕고자 학원을 차렸다. 춤사위와 악기 다루는 법 등 굿판에 필요한 것을 가르쳐 주고 있다"라고 말했다. 비용은 한 달에 30만~50만 원 수준이다.

무당들은 무속 신앙이 양지에서 인정받으려면 무엇보다 정부의 제도적 지원(42.6퍼센트)이 필요하다고 답했다. 무속 신앙에 대한 학술적 연구(20.2퍼센트)와 문화재 지정 및 보호(13.2퍼센트)라고 응답한 무속인들도 있었다. 무속 범죄를 줄이기 위해서는 △무교인 자격 인증제 도입(26.4퍼센트) △범죄 행위 강력 처벌(24.8퍼센트) △자정 노력 강화(21.7퍼센트) 등이 시급하다고 응답했다.

이성재 경신연합회 이사장은 "제대로 된 무교인 양성을 위해 교육 기관을 설립할 수 있도록 해주거나 성직자 자격을 인정받을 수 있도록 정부가 도움을 줬으면 좋겠다"라며 "무교인들도 비윤리적 행위를 하지 않아야 부정적 인식이 줄어들 것"이라고 말했다.

정부에는 모두 없는 사람들

과거 노무현 정부는 한때 음지에 있던 무속 신앙을 양성화하려고 시도했다. 그러나 기독교를 비롯한 기성 종교의 반대가 컸고 정치권의 추진 의지도 약해 흐지부지됐다. 교리가 없는 데다 신에 대한 무속인의 해석이 제각각이라 정부를 향한 통일된 목소리가 나오기 쉽지 않은 것도 걸림돌로 작용했다.

무속 전문가들은 체계적으로 교육받은 무속인을 양성하려면 규모부터 정확히 파악해야 한다고 말한다. 한국무속학회 회장을 지냈던 양종승 샤머니즘박물관장은 모든 무속인에 대해 언제 어디서 내림굿을 받았는지, 어떤 신부모 밑에서 배웠는지 등 기본적인 정보가 포함된 등록 절차가 필요하다며 정부나 관련 단체가 정보를 관리하면 무속인들도 떳떳하게 활동할 수 있고 사회적으로도 좀 더 인정받을 수 있을 것이라고 말했다.

"한국에는 무속인 30만 명이 있으며 이는 한국인 160명 중에 1명꼴이다."

미국 《뉴욕 타임스》가 2007년 '최신 기술이 발달한 한국에서 무속이 부흥하고 있다'는 제목으로 보도한 내용이다. 《뉴욕 타임스》는 이 수치의 출처로 '한국예배자협회'를 들었는데 국내 최대 무속인 단체인 대한경신연합회(경천신명회)를 지칭한 것으로 보인다. 경천신명회는 최근까지도(2024년) 국내 무당 규모가 30만 명이라고 주장하고 있다. 무당이 경찰관(13만여 명)이나 초등학교 교사(19만여 명)보다 많다는 얘기다.

문제는 해외 유력 언론까지 보도하는 '무당 30만 명' 주장을 검증할 수단이 없다는 데 있다. 무속 관련 정부 통계는커녕 최소한의 실태 조사 결과도 없기 때문이다. 한국에서 무속인은 '어디에나 있지만 어디에도 없는' 존재다. 도심 곳곳에서 점집 간판을 볼 수 있고 온라인 공간은 물론 방송에서도 무당 콘텐츠가 쏟아진다. 무속인 사기 범죄도 심심찮게 발생하는데도 정부는 무속을 없는 존재로 취급한다. 기본적인 관리 시스템이 부재한 것은 물론, 무속을 어떻게 규정할지에 대한 기준 자체가 없다.

무속인 규모는 통계청이 매년 실시하는 전국사업체조사를 통해 개략적으로 짐작할 수 있다. 2022년 기준 '기타 개인 서비스업'에 속하는 '점술 및 유사 서비스업' 사업체 수는 9391개이고 종사자 수는 1만 194명이다. 무속 단체가 주장하는 30만 명과는 차이가 크다.

게다가 무속인 상당수가 국세청에 사업자 등록을 하지 않아 실제 규모는 더욱 파악하기 어렵다. 우리가 무당 129명을 대상으로 설문 조사를 실시한 결과 무속인의 61.4퍼센트가 사업자 등록을 하지 않았다고 답했다. 무속인은 음식점이나 숙박업 사업자 등과 달리 지자체에 영업 신고를 할 필요도 없다.

사업자로 등록하지 않으면 세금 탈루로 이어질 수 있다. 국세청 관계자는 점이나 사주를 봐주는 직업인은 영세해 대부분 면세 대상이라며 억대 수익을 내는 일부 무속인이 과세 대상인데 이런 사람들은 사업자 등록이 돼 있을 것이라고 말했다. 하지만 무당들의 얘기는 국세청 설명과 달랐다. 서울 논현동에서 만난 무당은 하루에 10명씩 손님을 받으면 한 달에 3000만 원을 번다고 의사, 변호사 연봉 부럽지 않다면서도 사업자 등록은 하지 않았다고 했다.

점집뿐 아니라 굿당과 기도터 역시 관리 사각지대에 있다. 우리가 2024년 8월 경기 고양시에 위치한 굿당에 취재

점술 및 유사 서비스업 사업체 (단위: 개)

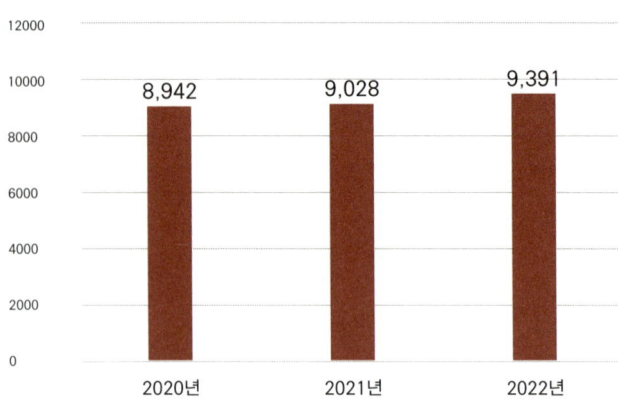

- 2020년: 8,942
- 2021년: 9,028
- 2022년: 9,391

점술 및 유사 서비스업 종사자 (단위: 명)

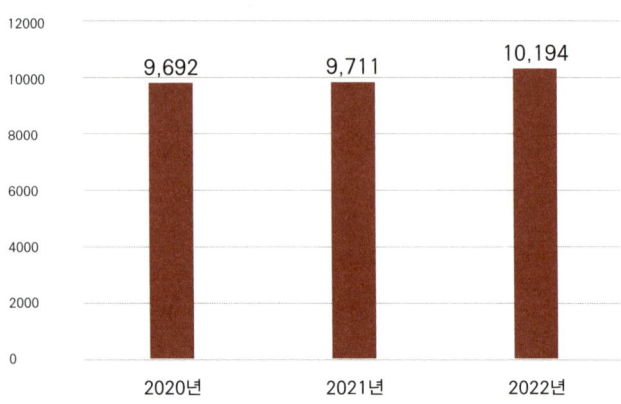

- 2020년: 9,692
- 2021년: 9,711
- 2022년: 10,194

점술 및 유사 서비스업: 각종 예언술, 관상 및 골상학, 점성술 등에 의한 서비스를 제공하는 활동. 점집, 무당, 심령술업, 풍수업, 토정비결 서비스업, 타로 서비스업 포함.

자료: 통계청

부정적 인식에도 불구하고 무속 서비스업은 매년 상승하고 있다.

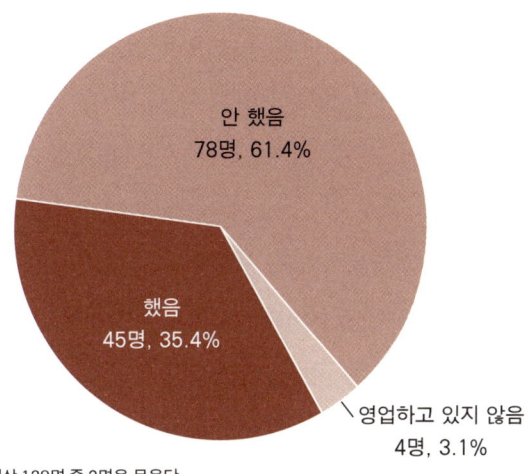

무속인 중 사업자 등록 여부(단위: 명, %)

- 안 했음 78명, 61.4%
- 했음 45명, 35.4%
- 영업하고 있지 않음 4명, 3.1%

전체 조사 대상 129명 중 2명은 무응답

많은 무속인이 사업자 등록을 하지 않아 그 규모를 파악하기에도 어려움이 있다.

협조를 요청하자 "기사 나가면 세금 내야 하는 것 아니냐"라는 답변이 돌아왔다. 서울 인왕산 등에는 국유림을 점유해 무속에게 기도 공간을 제공하고 돈을 받는 기도터도 있었다. 서울국유림관리소 관계자는 원칙적으로 국유림은 공익용으로 사용되거나 보존돼야 해, 그런 (기도터 등) 용도로는 허가가 날 수 없다며 미허가 시설물을 적발하면 시정 명령을 내리거나 과태료를 부과하겠다고 말했다.

무속을 어떻게 규정할지에 대한 정부 방침도 명확하지 않다. 경천신명회의 이성재 이사장은 인터뷰에서 2019년

문화체육관광부 소관 사단법인 한국민족종교협의회에 가입한 점을 들며 무교가 종교로 인정됐다고 주장했다. 민족종교협의회는 '7대 종단'으로 불리는 한국종교인평화회의 소속으로, 경천신명회 외에 천도교, 원불교, 대순진리회, 증산도 등 12개 단체가 민족종교협의회에 속해 있다.

이 이사장을 비롯한 무속인이 종교 인정을 바라는 이유는 사회적 인식 개선이다. 이 이사장은 인터뷰에서 "이전에 무교를 종교로 인정을 안 해줬기 때문에 무교인들이 억압받고 핍박받았다. 그래서 종교로 승격을 해보자는 생각에 단체에 모인 것"이라고 말했다. 그는 사람들에게 피해를 줘 매스컴에 등장하는 무속인을 제어하기 위해서라도 종교 단체가 필요하다면서 "사회에 우리가 봉사를 하고, 4대 종교(기독교 천주교 불교 원불교)처럼 사회에 귀감이 되는 단체가 되자는 취지"라고 설명했다.

다만 모든 무속인이 종교 인정을 바라는 것은 아니다. 우리가 만난 무당 일부는 무속의 종교화에 찬성하지 않았다. 현실화 가능성이 없고 '방치된' 현 상태가 오히려 무당에게 좋을 수 있다는 이유였다. 양성화에 따른 세금 부담 등도 신경 쓰이는 눈치였다.

정부는 헌법상 정교 분리 원칙에 따라 특정 종교를 승인하거나 인정하는 절차가 없다고 선을 긋는다. 문체부 관계자는 민족종교협의회는 문체부가 허가한 법인이지만 종교를 허가하거나 인정해 준다는 개념은 아니라며 특정 교단의 가입 여부는 (정부가 아닌) 법인 정관에 명시된 기준과 절차에 따라 결정된다고 설명했다. 어떤 믿음 체계를 정식 종교로 인정할지 여부는 정부 역할 밖이란 얘기다.

하지만 기존 종교와 무속을 바라보는 정부 시각이 다르다는 점은 분명하다. 종교 지원 사업이 대표적이다. 문체부 측은 불교, 기독교, 천주교 등 기성 종교를 대상으로 한 사업이 많다며 민족 종교 중에선 천도교, 원불교 정도가 지원 대상이라고 말했다. 2018년 문체부가 발간한 〈한국의 종교 현황〉 보고서에도 무속 관련 내용은 전무했다. 종단 규모나 조직화 정도에 따라 정부의 관심과 지원이 천차만별인 셈이다.

통계청 등 국가 기관에서는 무속을 서비스업의 일종으로 보기도 한다. 앞서 언급했듯 무속은 통계청 전국사업체조사에서 '기타 개인 서비스업'의 하위 항목인 '점술 및 유사서비스업'에 속한다. '기타 개인 서비스업'에는 세탁업, 장례식장 및 관련 서비스업, 예식장업, 개인 간병 및 유사 서비스업 등이 해당된다. 한국표준직업분류에서도 점술가, 민속 신앙 관련 종사원은 '개인 생활 서비스 종사자'로 분류된다. '종교 관련 종사자' 카테고리에 속한 목사, 신부, 승려, 교무 등과 명확히 구분된다. 통계상 무속

국내 주요 종교 단체와 무속

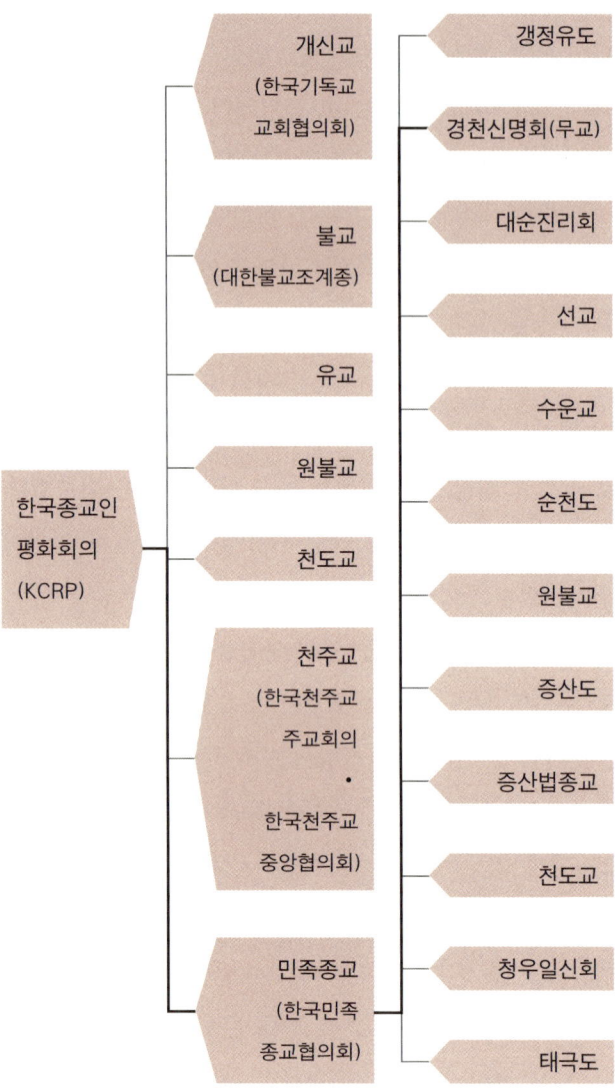

국내 주요 종교 단체의 계보도.

인은 종교인이 아니라 서비스 종사자인 셈이다.

이 같은 구분은 과세 영역으로 이어진다. 현행법상 종교인 소득 과세는 한국표준직업분류에 따른 종교 관련 종사자에게 적용되기 때문이다. 무속인이 벌어들인 소득은 종교인 소득이 아니라 사업소득에 해당한다. 2021년 불교 단체로 등록하고 실제로는 점집을 차려 무속 행위를 한 무속인이 사업소득에 대한 과세를 통보받기도 했다.

다만 법원에서는 사기죄 등을 판단할 때 무속 의식을 통상적인 종교 행위로 보기도 한다. 2024년 6월 수원지법 안양지원은 수감 중인 딸을 가석방으로 빼 주겠다며 굿을 하고 피해자로부터 3180만 원을 받아 챙긴 혐의(사기)로 기소된 무당에게 무죄를 선고했다. 재판부는 "전통적인 관습 또는 종교 행위로서 허용될 수 있는 한계를 벗어났다고 단정할 수 없다"라고 판단했다. 이런 불일치하는 관점은 무속이 우리 사회에서 여전히 방치되어 있으며 사회적 차원의 고민이 부족하다는 사실을 방증한다.

문화유산을 돈으로만 봐야 할까

정부는 문화유산 차원에서는 무속을 공식적으로 인정하고 있다. 국가유산청은 현재 강릉단오제, 하회별신굿탈

놀이, 진도씻김굿, 동해안별신굿, 남해안별신굿, 서울새남굿 등 12개 무속 의식을 국가무형유산으로 지정해 관리하고 있다. 무형 유산마다 보유자(과거 인간 문화재라 불렀다)에게는 한 달에 200만 원, 전승 교육사에게는 90만 원을 지원한다.

하지만 정부가 인정한 무형 유산은 이미 거대한 사회 현상이 돼버린 무속 행위의 극히 일부에 불과하다. 더구나 국가 지원을 받는 무당 자체도 매우 적다. 우리가 국가 유산포털에서 확인한 결과, 무속 관련 무형 유산 보유자이면서 무속을 직업으로 삼는 사람은 세 명에 불과했다.

경제적인 문제가 해결되지 않다 보니 무형 유산 보유자가 손님에게 점사를 봐주고 굿을 해 주기도 한다. 강릉단오제 보유자인 빈순애 강릉단오제보존회장은 인터뷰에서 "강릉단오제 전수 교육이 주된 일이지만 일이 없을 때는 개인 사업으로 손님도 받는다"라며 "돈 차이가 많이 난다. 손님을 받는 무당은 먹고사는 데 문제가 없고 전통 의식을 주로 하는 무당은 문화 행사나 공연이 아니면 빛을 못 보고 산다"라고 토로했다.

무속 전문가인 조성제 무천문화연구소장은 정부는 무교인을 제도권 밖으로 몰아내면서도 무형 문화재로 지정하는 이중적 행태를 취하고 있다며 무속인 관리와 연구 차원에서라도 최소한의 실태 조사가 필요하다고 말했다.

앞으로도 우리는 무속과 함께 살아갈 것이다. 어쩌면 기성 종교의 영향력 약화와 맞물려 무속은 더욱 깊숙이 우리의 삶에 침투할지도 모른다. 누군가는 무속을 통해 위로를 얻을 것이고 누구는 무속 범죄 피해자가 될 수도 있다. 무속이 좋든 싫든 우리의 책임이며 우리 사회가 감당해야 한다.

 종교의 자유를 보장하는 헌법 제20조 뒤에 숨어 무속을 방치하고 있는 정부도 이 점을 명확히 인지했으면 좋겠다. 무속을 종교로 인정할지 여부를 떠나서 무속이 우리 사회에서 어떻게 작동하는지, 존중해야 할 부분과 제재해야 할 부분은 무엇인지 이제는 깊이 고민해야 한다. 무속을 제대로 알고 이해해야만 우리 사회의 자정 작용이 제대로 이뤄질 수 있기 때문이다. 방치된 믿음을 직시해야만 우리는 무속과 건강한 공존을 이어갈 수 있다.

방치된 믿음

초판 2쇄 발행 | 2025년 7월 24일

지은이　　(주)한국일보사 이성원 손영하 이서현
책임편집　권오현
디자인　　윤철호
펴낸곳　　(주)바다출판사
주소　　　서울시 마포구 성지1길 30 3층
전화　　　02-322-3675(편집)　02-322-3575(마케팅)
팩스　　　02-322-3858
이메일　　badabooks@daum.net
홈페이지　www.badabooks.co.kr
ISBN　　　979-11-6689-358-2 03330

※이 책의 전부 또는 일부를 이용하려면 반드시 (주)한국일보사, 저자, (주)바다출판사의 동의를 받아야 합니다.